マンガで読む
信長武将列伝

すずき孔 著／柴裕之 監修

戎光祥出版

目次

柴田勝家《しばたかついえ》
佐久間信盛《さくまのぶもり》
前田利家《まえだとしいえ》

はじめに

近年《きんねん》、これまで日本《にほん》の中世社会《ちゅうせいしゃかい》を解体《かいたい》させ、近世《きんせい》への扉《とびら》を開《ひら》いた「革命《かくめい》児《じ》」とされてきた織田信長《おだのぶなが》は、戦国時代《せんごくじだい》に生《い》き活動《かつどう》した「同時代人《どうじだいじん》」としての視点《してん》から、その「実像《じつぞう》」がとらえ直《なお》され始《はじ》めている。

すずき孔氏《こうし》の前著《ぜんちょ》『マンガで読《よ》む 新研究《しんけんきゅう》 織田信長《おだのぶなが》』（以下《いか》、「前著《ぜんちょ》」）は、その成果《せいか》をふまえ、時代《じだい》や社会《しゃかい》のなかで信長《のぶなが》がどのように生《い》き、そして活《かつ》動《どう》していったかという、「同時代人《どうじだいじん》」としての姿《すがた》をわかりやすく提示《ていじ》し、多《おお》くの方《かた》のご関心《かんしん》をいただいた。

けれども信長《のぶなが》の「実像《じつぞう》」にさらに迫《せま》っていくには、信長本人《のぶながほんにん》だけでなく、信長《のぶなが》を支《ささ》えて活動《かつどう》した家臣《かしん》たちにも目《め》を向《む》けてみる必要《ひつよう》がある。同時《どうじ》代《だい》の各地《かくち》の戦国大名家《せんごくだいみょうけ》には、例《たと》えば後世《こうせい》にも甲斐武田《かいたけだ》二十四将《にじゅうよんしょう》、越後上《えちごうえ》杉《すぎ》十七将《じゅうしちしょう》などと数《かぞ》えられていったように、戦国大名当主《せんごくだいみょうとうしゅ》を支《ささ》える有能《ゆうのう》な家臣《かしん》たちが存在《そんざい》し、彼《かれ》らの活動《かつどう》が領国《りょうごく》の内政《ないせい》・軍事《ぐんじ》の展開《てんかい》に大《おお》きく寄与《きよ》してきた。信長《のぶなが》もまた同様《どうよう》であり、その家臣《かしん》には次《つぎ》のような人物《じんぶつ》たちが知《し》られる（順番《じゅんばん》は本書本編《ほんしょほんぺん》の登場順《とうじょうじゅん》である。また、このほかの多《おお》くの家臣《かしん》は本書《ほんしょ》の「織田家臣団人物事典《おだかしんだんじんぶつじてん》」で紹介《しょうかい》したので、ご覧《らん》いただきたい）。

明智光秀《あけちみつひで》、羽柴秀吉《はしばひでよし》、柴田勝家《しばたかついえ》、佐久間信盛《さくまのぶもり》、前田利家《まえだとしいえ》、丹羽長秀《にわながひで》、
滝川一益《たきがわかずます》、佐々成政《さっさなりまさ》、池田恒興《いけだつねおき》、細川藤孝《ほそかわふじたか》……

いずれもよく知《し》られた武将《ぶしょう》たちで、その知名度《ちめいど》は他《ほか》の戦国大名家《せんごくだいみょうけ》の家《か》臣《しん》たちと比《くら》べても突出《とっしゅつ》している。けれども、彼《かれ》らの評価《ひょうか》もまた、「革命児《かくめいじ》」信長像《のぶながぞう》のもとになされてしまっている。いま信長《のぶなが》が「同時代人《どうじだいじん》」としてその「実像《じつぞう》」を追求されている状況に応じ、彼《かれ》らもまた「同時代人《どうじだいじん》」として、信長《のぶなが》のもとでどのように活動《かつどう》したのか、その「実像《じつぞう》」をとらえていく必要《ひつよう》がある。

本書《ほんしょ》は、近年《きんねん》の信長研究《のぶながけんきゅう》の状況《じょうきょう》を押《お》さえたうえで、すずき孔氏《こうし》が前著《ぜんちょ》に引《ひ》き続《つづ》き信長《のぶなが》の家臣《かしん》たちを最新《さいしん》の研究《けんきゅう》に基《もと》づき分《わ》かり易《やす》く描《えが》き、なおかつこれまでの評価《ひょうか》にとらわれない新《あら》たな「実像《じつぞう》」にせまったものである。彼《かれ》ら一人一人《ひとりひとり》がどのように信長《のぶなが》に仕《つか》え、そして活躍《かつやく》していったか。その果《は》てに彼《かれ》らが辿《たど》り着《つ》いた「道《みち》」はそれぞれ異《こと》なる。だが、戦国時代《せんごくじだい》という激動《げきどう》期《き》に生《い》きた彼《かれ》らの姿《すがた》は、いまなお私《わたし》たちを魅了《みりょう》して止《や》まない。そんな時代《じだい》を信長《のぶなが》のもとで駆《か》け巡《めぐ》った彼《かれ》らの個性豊《こせいゆた》かな「実像《じつぞう》」が、本書《ほんしょ》には余《あま》すところなく描《えが》かれている。改《あらた》めて信長《のぶなが》や家臣《かしん》たちの実像《じつぞう》、そして彼《かれ》らが生《い》きた時代《じだい》を知《し》りたい多《おお》くの方《かた》に、前著《ぜんちょ》の続巻《ぞっかん》として本書《ほんしょ》を手《て》に取《と》っていただければ幸甚《こうじん》である。

2019年9月

柴 裕之

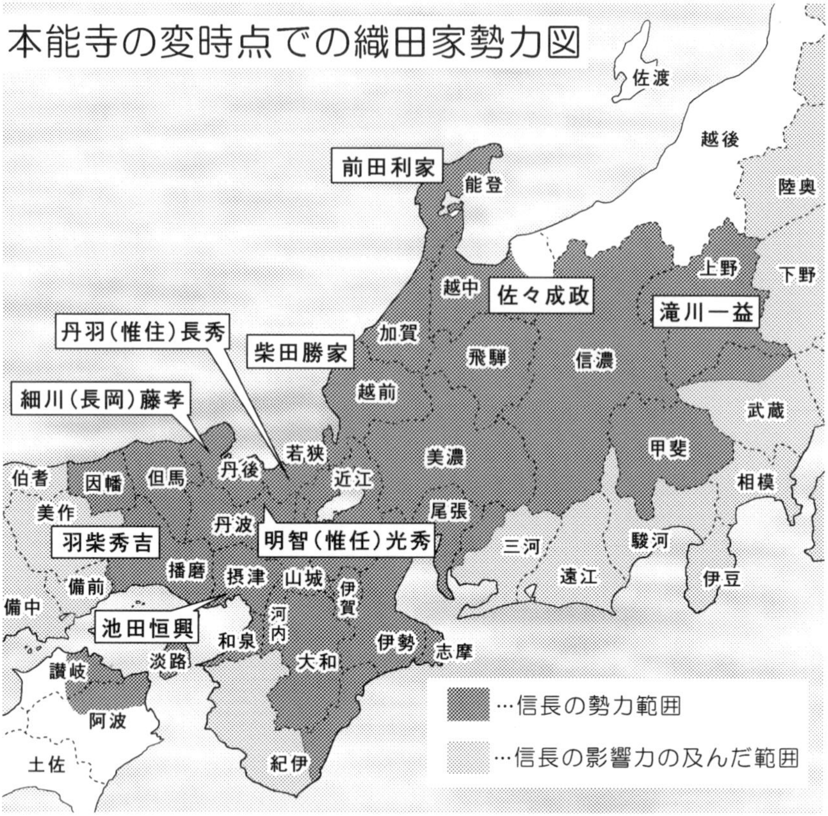

天下一統を目指して着々と勢力を広げていた織田家は、天正10（1582）年に宿願だった武田氏攻略を果たして一気に勢力範囲が広がった。本図は、「本能寺の変」直前の織田家の勢力図である。

天下人織田信長の政庁・安土城を中心とした織田家の支配機構は円滑に機能しており、支配地の内政面では強固な体制を築きつつあった。そのなかで勢力範囲の最前線では、滝川一益（上野）、河尻秀隆(甲斐)、佐々成政(越中)、羽柴秀吉（備中）ら、子飼いの重臣たちが活躍していた。

本書に登場する織田信長の家臣たちに大きな影響を与えた「本能寺の変」の戦後処理が行われた「清須会議」では、織田家の領地は有力家臣の分割統治となり、徐々にその権力は衰退していった。

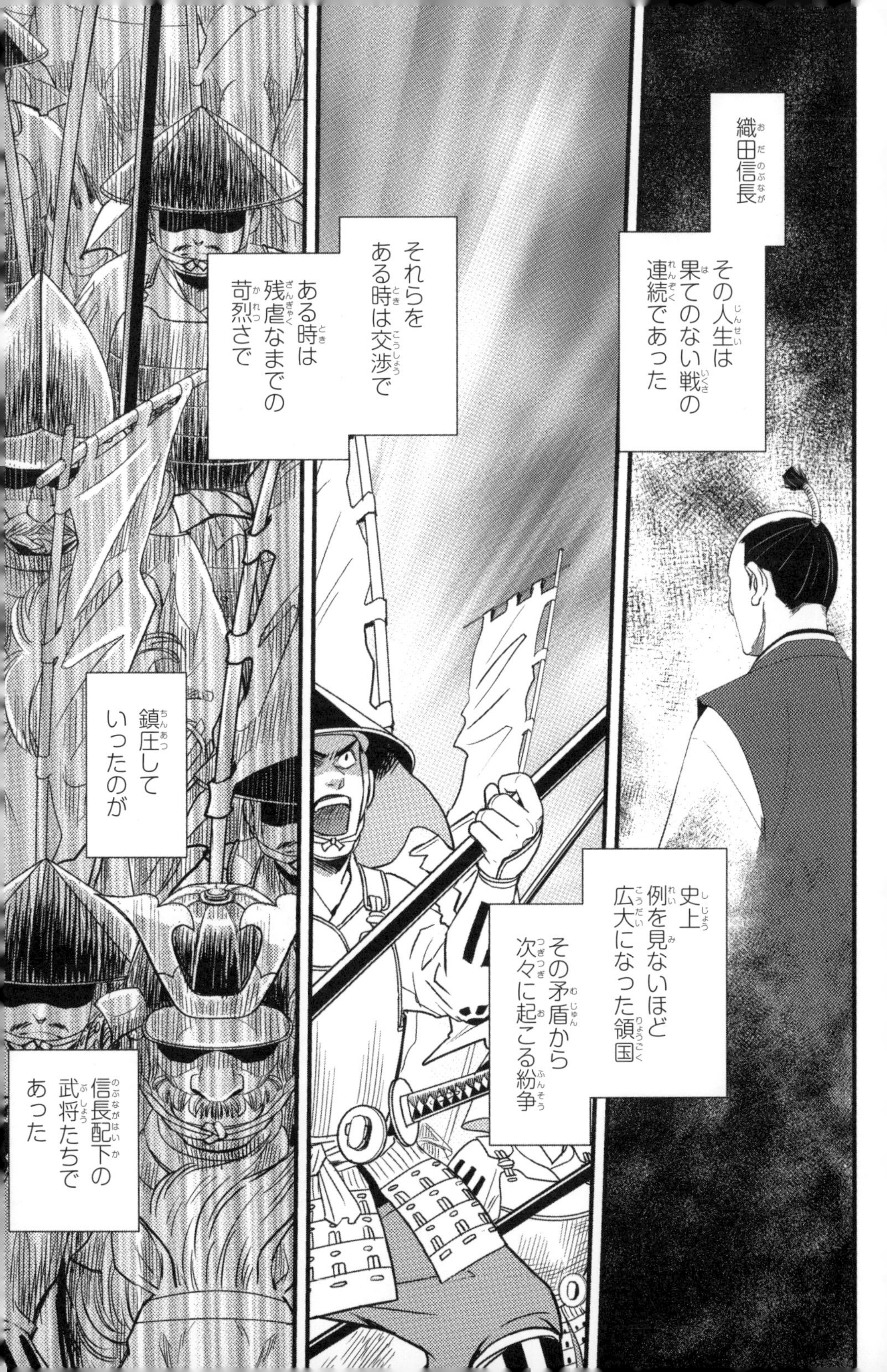
織田信長《おだのぶなが》
その人生《じんせい》は果《は》てのない戦《いくさ》の連続《れんぞく》であった
史上《しじょう》例《れい》を見《み》ないほど広大《こうだい》になった領国《りょうごく》
その矛盾《むじゅん》から次々《つぎつぎ》に起《お》こる紛争《ふんそう》
それらをある時《とき》は交渉《こうしょう》で
ある時《とき》は残虐《ざんぎゃく》なまでの苛烈《かれつ》さで
鎮圧《ちんあつ》していったのが
信長《のぶなが》配下《はいか》の武将《ぶしょう》たちであった

生《う》まれも育《そだ》ちも違《ちが》う彼《かれ》らは
時《とき》に数《すう》か所《しょ》の戦場《せんじょう》を掛《か》け持《も》ちしながら信長《のぶなが》の領国《りょうごく》を守《まも》り
さらにその支配領域《しはいりょういき》を広《ひろ》げていった
彼《かれ》らの中《なか》の何人《なんにん》かは征服地《せいふくち》を基盤《きばん》にした大軍団《だいぐんだん》を持《も》ち
そこで大名《だいみょう》のような支配《しはい》を行《おこな》った
まさに信長家臣《のぶながかしん》における到達点《とうたつてん》であった
だがやがてその中《なか》の一人《ひとり》がそれを踏《ふ》み越《こ》え
主君《しゅくん》を滅《ほろ》ぼす
明智光秀《あけちみつひで》と聞《き》いて皆《みな》さんはどんなイメージを持《も》つだろうか

彼《かれ》ら信長《のぶなが》家臣団《かしんだん》の中《なか》で
最《もっと》も信長《のぶなが》に信頼《しんらい》され
最《もっと》も気《き》に入《い》られた武将《ぶしょう》
明智光秀《あけちみつひで》である
第一章
明智光秀
裏切《うらぎ》り者《もの》だけど…
インテリでまじめで保守的《ほしゅてき》
天才信長《てんさいのぶなが》についていけないかわいそうな常識人《じょうしきじん》
しかしこれらは後《のち》の時代《じだい》に作《つく》られた光秀像《みつひでぞう》である
え

だってドラマで比叡山《ひえいざん》を攻《せ》めようとする信長《のぶなが》に
従来の光秀像
おやめください！仏罰《ぶつばつ》が下《くだ》ります
と言《い》って諫《いさ》めるのは光秀《みつひで》でしょ
確《たし》かに信長《のぶなが》ドラマの定番《ていばん》シーンであるが
うるさい！
これはあくまでフィクションで
実際《じっさい》に当時《とうじ》光秀《みつひで》が出《だ》した文書《もんじょ》には
比叡山《ひえいざん》の村《むら》をなで斬《ぎ》りにしてやろう
…などと書《か》かれてあり
比叡山攻《ひえいざんぜ》めには結構《けっこう》ノリノリだったことがわかる
ええー
事実《じじつ》比叡山攻《ひえいざんぜ》めの後《あと》光秀《みつひで》は重要地《じゅうようち》を与《あた》えられており
琵琶湖《びわこ》
戦《いくさ》で大《おお》きな手柄《てがら》を立《た》てたのは間違《まちが》いない
また最近《さいきん》では信長《のぶなが》は昔《むかし》からの権威《けんい》や寺社《じしゃ》を大切《たいせつ》にする
現実的政治家《げんじつてきせいじか》だったことがわかっており
「信長《のぶなが》と光秀《みつひで》」＝「革命児《かくめいじ》VS常識人《じょうしきじん》」という構図《こうず》自体《じたい》が揺《ゆ》らいでいる
信長研究
論集

本能寺《ほんのうじ》の変《へん》
その動機《どうき》は今《いま》も謎《なぞ》であり
その理由《りゆう》を説明《せつめい》するために「穏健《おんけん》で保守的《ほしゅてき》な光秀像《みつひでぞう》」が考《かんが》え出《だ》され
ドラマや小説《しょうせつ》で再生産《さいせいさん》が繰《く》り返《かえ》されてきた
作《つく》られたイメージを取《と》り払《はら》ったとき
光秀《みつひで》のどんな素顔《すがお》が見《み》えてくるのだろうか
実《じつ》はこれだけ有名《ゆうめい》な武将《ぶしょう》でありながら
明智光秀《あけちみつひで》の前半生《ぜんはんせい》は何《なに》も分《わ》かっていない
生年《せいねん》も分《わ》からない
比較的《ひかくてき》信用《しんよう》できる史料《しりょう》によると信長《のぶなが》より18歳《さい》も年上《としうえ》だという
生《う》まれは美濃国《みののくに》であるが
名門《めいもん》土岐明智氏《ときあけちし》の一族《いちぞく》というのもあやしい
「朝晩《あさばん》の食事《しょくじ》にも事欠《ことか》く身分《みぶん》」だったというから
たとえそうでも傍流中《ぼうりゅうちゅう》の傍流《ぼうりゅう》だっただろう
いつのころからか美濃《みの》を離《はな》れる
彼《かれ》は医学《いがく》の知識《ちしき》も持《も》っており
近江国高島郡《おうみのくにたかしまぐん》田中城《たなかじょう》に籠城《ろうじょう》して戦《たたか》ったりもした
やがて越前国《えちぜんのくに》に移《うつ》り住《す》むが
朝倉家《あさくらけ》に仕官《しかん》したという記録《きろく》はない
バタン

このまま何者《なにもの》にもなれず
わしは人生《じんせい》を終《お》えてゆくのだろうか…
しかしここで光秀《みつひで》は彼《かれ》と家族《かぞく》
さらには日本《にほん》の運命《うんめい》を変《か》える出会《であ》いをする
天下再興《てんかさいこう》を求《もと》めてこの越前《えちぜん》に滞在《たいざい》していた
前々将軍《ぜんぜんしょうぐん》の弟《おとうと》足利義昭《あしかがよしあき》
その足軽衆《あしがるしゅう》に光秀《みつひで》は紛《まぎ》れ込《こ》んだのだった
やっと運《うん》が向《む》いてきた
義昭様《よしあきさま》は次期将軍《じきしょうぐん》に最《もっと》も近《ちか》いお方《かた》
身分《みぶん》は低《ひく》くてもわしは未来《みらい》の幕臣《ばくしん》じゃ
ところが
義昭様《よしあきさま》はいつ上洛《じょうらく》して将軍《しょうぐん》になられるのでしょう
さぁ
確《たし》かに義昭様《よしあきさま》やその家臣《かしん》たちは大名《だいみょう》の力《ちから》を借《か》り再《ふたた》び京都《きょうと》に戻《もど》ることを目指《めざ》しておられるが
今身《いまみ》を寄《よ》せている朝倉様《あさくらさま》は最初《さいしょ》から上洛《じょうらく》に協力《きょうりょく》する気《き》はないようだ
朝倉《あさくら》↓
このままではわしらはずっと居候様《いそうろうさま》の下働《したばたら》きさ
ええっ

朝倉《あさくら》はもちろん
上杉《うえすぎ》も今一《いまひと》つ
上洛《じょうらく》に協力《きょうりょく》せん
足利義昭《あしかがよしあき》
いっそ
尾張《おわり》の織田信長《おだのぶなが》に
協力《きょうりょく》を要請《ようせい》して
みては
細川藤孝《ほそかわふじたか》
最近雇《さいきんやと》った
足軽衆《あしがるしゅう》の中《なか》に
使者《ししゃ》に適任《てきにん》な
者《もの》がおります
光秀《みつひで》は
織田《おだ》への使者《ししゃ》を
務《つと》めるように
なった
何《なに》をしても
うまくいかなかった
人生《じんせい》…
ザァァァァァ
おそらく
これが最後《さいご》の
チャンスだ
ゼィ ゼィ
何《なん》としても
義昭様《よしあきさま》に
将軍様《しょうぐんさま》になって
いただく！
わしの運命《うんめい》は
そこにかかって
おるのだ
ザザ ザザ
そして
運命《うんめい》は動《うご》いた
永禄《えいろく》11（1568）年《ねん》
義昭《よしあき》を擁《よう》して上洛《じょうらく》し
足利《あしかが》による天下再興《てんかさいこう》を
成《な》し遂《と》げた信長《のぶなが》は
信長《のぶなが》を味方《みかた》に
引《ひ》き入《い》れ
交渉《こうしょう》を行《おこな》った
細川藤孝《ほそかわふじたか》と
その下《した》の
光秀《みつひで》を
取《と》り立《た》てた
のである

以後《いご》の光秀《みつひで》は雌伏《しふく》の50年余《ねんあまり》を取《と》り戻《もど》すように
猛烈《もうれつ》な速《はや》さで出世街道《しゅっせかいどう》を驀進《ばくしん》してゆく
使者《ししゃ》として何度《なんど》も面会《めんかい》するうち
その有能《ゆうのう》さを信長《のぶなが》からも認《みと》められた光秀《みつひで》は
義昭《よしあき》の家臣《かしん》でありながら信長《のぶなが》にも仕《つか》えることとなった
光秀《みつひで》は信長《のぶなが》の重臣《じゅうしん》たちと京《きょう》の軍事《ぐんじ》に携《たずさ》わり
行政官《ぎょうせいかん》としてたちまち頭角《とうかく》を現《あらわ》した
光秀《みつひで》の出世街道《しゅっせかいどう》は続《つづ》く
元亀《げんき》2（1571）年《ねん》比叡山《ひえいざん》焼《や》き討《う》ちが起《お》きると
光秀《みつひで》は積極的《せっきょくてき》に殺《さっ》りくに参加《さんか》
その功《こう》により近江国《おうみのくに》志賀郡《しがぐん》を与《あた》えられた
新参者《しんざんもの》でありながら城持《しろも》ちになり
天下《てんか》の要所《ようしょ》を与《あた》えられたのである
琵《び》琶《わ》湖《こ》
しかし

あの光秀《みつひで》という男《おとこ》…
比叡山領《ひえいざんりょう》の没収《ぼっしゅう》を徹底《てってい》するあまり
わしの管轄《かんかつ》である京都《きょうと》の寺社領《じしゃりょう》まで自分《じぶん》のものにしようとしておる
足利義昭《あしかがよしあき》
見《み》かねた義昭《よしあき》が注意《ちゅうい》すると
「あなた様《さま》のもとでうまくやっていく自信《じしん》がありません
これ以上《いじょう》仰《おっしゃ》るなら出家《しゅっけ》しますが」…と
何《なに》？
信長様《のぶながさま》の寵臣《ちょうしん》のわしを出家《しゅっけ》させるなどできまい
やっと巡《めぐ》ってきた人生《じんせい》の春《はる》
富《とみ》の取《と》りこぼしはないに越《こ》したことはない
公方様《くぼうさま》といえど口出《くちだ》しはさせぬ！
ドラマなどでは幕府《ばくふ》の忠臣《ちゅうしん》として描《えが》かれる光秀《みつひで》だが
実《じつ》は信長《のぶなが》と義昭《よしあき》が破綻《はたん》するより早《はや》く彼《かれ》の方《ほう》が義昭《よしあき》と対立《たいりつ》していたのである
何《なん》というがめつい奴《やつ》だ
あの男確《おとこたし》かに行政《ぎょうせい》も戦《いくさ》もよくできるが
少《すこ》し尊大《そんだい》で目上《めうえ》を目上《めうえ》とも思《おも》わぬところがある
信長《のぶなが》は気《き》づかぬのか

元亀《げんき》4（1573）年《ねん》
将軍義昭《しょうぐんよしあき》が信長《のぶなが》に反旗《はんき》を翻《ひるがえ》し
幕臣《ばくしん》であった細川《ほそかわ》や明智《あけち》は信長《のぶなが》についた
すでに二人《ふたり》とも信長《のぶなが》との関係《かんけい》の方《ほう》が深《ふか》くなっていたからである
京都《きょうと》を追《お》い出《だ》された
公方様《くぼうさま》お許《ゆる》しください…
イン
どう考《かんが》えても信長様《のぶながさま》の方《ほう》が有望株《ゆうぼうかぶ》だからな
光秀《みつひで》は正式《せいしき》に織田家臣《おだかしん》となり
惟任《これとう》の姓《せい》を賜《たまわ》る
明
惟任《これとう》明智日向守《ひゅうがのかみ》光秀《みつひで》
義昭《よしあき》との決別《けつべつ》を表《あらわ》す改姓《かいせい》でもあった
ちっ…明智《あけち》め
お二人《ふたり》が決別《けつべつ》したら当然失脚《とうぜんしっきゃく》すると思《おも》ったのに
ヒソ ヒソ
ふん こんなところでしくじったりせぬ
わしはまだまだ大《おお》きくなるぞ
丹波《たんば》
京《きょう》
やがて光秀《みつひで》は丹波攻《たんばぜ》めという大《おお》きな仕事《しごと》を拝命《はいめい》する

丹波《たんば》
いつのまにか光秀《みつひで》は
かつての上司《じょうし》細川藤孝《ほそかわふじたか》を率《ひき》いて戦《たたか》う立場《たちば》となっていた
丹波《たんば》の国衆《くにしゅう》は我々《われわれ》の味方《みかた》が多《おお》い すぐにカタが付《つ》くだろう
しかし国衆《くにしゅう》の裏切《うらぎ》りにあい戦況《せんきょう》は泥沼化《どろぬまか》
丹波《たんば》攻《ぜ》めは5年《ねん》のあいだ光秀《みつひで》を苦《くる》しめる
しかも光秀《みつひで》は丹波一国《たんばいっこく》に集中《しゅうちゅう》していたのではなかった
越前《えちぜん》
丹波《たんば》
播磨《はりま》
摂津《せっつ》(大坂《おおさか》)
大和《やまと》
紀伊《きい》
その間《かん》にも大坂本願寺《おおさかほんがんじ》攻《ぜ》めや越前一向一揆《えちぜんいっこういっき》攻《ぜ》めなどの
各地《かくち》の戦場《せんじょう》の助《すけ》っ人《と》として出陣《しゅつじん》
光秀《みつひで》は戦場《せんじょう》と戦場《せんじょう》をあわただしく行《い》き来《き》し
文字《もじ》通《どお》り八面六臂《はちめんろっぴ》の活躍《かつやく》を見《み》せたのであった

なおこの頃《ころ》の逸話《いつわ》として有名《ゆうめい》なのが
逸話《いつわ》です
光秀《みつひで》は自分《じぶん》の母《はは》を人質《ひとじち》に出《だ》して敵将《てきしょう》を降伏《こうふく》させることに成功《せいこう》したが
信長《のぶなが》はその事情《じじょう》を知《し》りながら降伏《こうふく》した敵将《てきしょう》を殺害《さつがい》
人質《ひとじち》だった光秀《みつひで》の母親《ははおや》は殺《ころ》され
光秀《みつひで》が信長《のぶなが》を恨《うら》む一因《いちいん》となった
というものであるが
実際《じっさい》は光秀《みつひで》が家族《かぞく》を人質《ひとじち》に出《だ》したという史料《しりょう》はなく
助《たす》けて〜
これも本能寺《ほんのうじ》の変《へん》の伏線《ふくせん》として「気《き》の毒《どく》な光秀《みつひで》」を演出《えんしゅつ》するための創作《そうさく》だとされる
天正《てんしょう》7（1579）年《ねん》
ようやく丹波《たんば》・丹後《たんご》の平定《へいてい》が完了《かんりょう》
京
光秀《みつひで》は丹波《たんば》をその与力《よりき》細川《ほそかわ》は丹後《たんご》を拝領《はいりょう》し
光秀《みつひで》の勢力範囲《せいりょくはんい》は天下《てんか》を取《と》り囲《かこ》む広大《こうだい》なものとなった
このように重要地《じゅうようち》を任《まか》されたのは
光秀《みつひで》の妹《いもうと》が信長《のぶなが》の側室《そくしつ》に入《はい》っており
光秀《みつひで》の妹《いもうと》
妻木《つまき》
惟任《これとう》（明智《あけち》）家《け》が織田《おだ》の親類衆《しんるいしゅう》として扱《あつか》われたからでもある

だが何《なに》より
信長《のぶなが》は光秀《みつひで》に絶大《ぜつだい》な信頼《しんらい》を寄《よ》せていたのである
夢《ゆめ》にまで見《み》たわしの国《くに》だ
後《あと》は惟任《これとう》一族《いちぞく》をこのまま栄《さか》えさせ
子孫《しそん》にわが領国《りょうごく》を継《つ》がせたい
…だが少《すこ》し大《おお》きくなりすぎたのではないか
わしが信長公《のぶながこう》にとって「使《つか》える家臣《かしん》」であるうちは
この地位《ちい》も安泰《あんたい》だろうが
それがなくなったら…
実《じつ》はこのころから
光秀《みつひで》の勢力《せいりょく》に陰《かげ》りが見《み》え始《はじ》めていた
光秀《みつひで》の支配下《しはいか》の摂津国《せっつのくに》の国衆《くにしゅう》が
謀反《むほん》の末《すえ》討伐《とうばつ》され
光秀《みつひで》の勢力範囲《せいりょくはんい》から外《はず》れた
摂津国
また他《ほか》の武将《ぶしょう》が淡路《あわじ》を平定《へいてい》
それまで光秀《みつひで》が独占《どくせん》していた四国《しこく》との外交《がいこう》は
彼《かれ》の専売《せんばい》ではなくなった
淡路

そんな時《とき》 天正《てんしょう》9（1581）年《ねん》 妻木《つまき》が亡《な》くなり 惟任一族《これとういちぞく》は 信長《のぶなが》の親類衆《しんるいしゅう》では なくなった
妻木《つまき》…
やがて四国《しこく》の 長宗我部《ちょうそかべ》と 織田《おだ》が対立《たいりつ》
ついに 四国征伐《しこくせいばつ》が 決定《けってい》される
これは
長宗我部《ちょうそかべ》との 外交担当《がいこうたんとう》だった 惟任一族《これとういちぞく》の 大失態《だいしったい》である
我々《われわれ》は 四国攻《しこくぜ》めには 参加《さんか》させて もらえないと…
これでは 名誉挽回《めいよばんかい》の 機会《きかい》もない
すでに光秀《みつひで》は 67歳《さい》になっていた
信長様《のぶながさま》は数年前《すうねんまえ》から 活躍《かつやく》しないと見《み》た 旧臣《きゅうしん》を
次々《つぎつぎ》と 排除《はいじょ》していく ようになった
この年《とし》ではもう わしは戦《いくさ》で功《こう》は 立《た》てられぬ
わが領国《りょうごく》を 子孫《しそん》に継《つ》がせる どころか
次《つぎ》は惟任家《これとうけ》かも しれない

天正《てんしょう》10（1582）年《ねん》 6月《がつ》2日《か》 本能寺《ほんのうじ》の変《へん》
それは天下人《てんかびと》信長《のぶなが》とその後継者《こうけいしゃ》信忠《のぶただ》の両者《りょうしゃ》が
少人数《しょうにんずう》で同《おな》じ京都《きょうと》に滞在《たいざい》するという
今《いま》だ！
一瞬《いっしゅん》の「隙《すき》」をついて決行《けっこう》された
だが多分《たぶん》に突発的《とっぱつてき》思《おも》い付《つ》きで行《おこな》われた謀反《むほん》は
人々《ひとびと》の支持《しじ》を集《あつ》めることもできず
6月《がつ》13日《にち》 山城国《やましろのくに》山崎《やまざき》で羽柴軍《はしばぐん》に敗《やぶ》れ
光秀《みつひで》は逃《に》げるところを落《お》ち武者《むしゃ》狩《が》りにあって落命《らくめい》した

光秀《みつひで》の謀反《むほん》の本当《ほんとう》の動機《どうき》はわからない
だが
それは後世《こうせい》様々《さまざま》な想像《そうぞう》や憶測《おくそく》を呼《よ》び
たくさんの人《ひと》がその謎《なぞ》の行動《こうどう》を何《なん》とか理解《りかい》しようとした
そして自分《じぶん》たちが普段《ふだん》押《お》さえつけている痛《いた》みや望《のぞ》みが
彼《かれ》にもあったのだろうと想像《そうぞう》し
それが爆発《ばくはつ》したせいではないかと考《かんが》えるようになった
↓これはフィクションです。
それらはやがて
上司《じょうし》のパワハラに耐《た》える光秀《みつひで》
昔《むかし》の主君《しゅくん》との板挟《いたばさ》み
地位《ちい》・名声《めいせい》・野望《やぼう》…
ときは今…
多《おお》くの現代人《げんだいじん》に共感《きょうかん》されるテーマを持《も》つ作品群《さくひんぐん》となった
一代《いちだい》で築《きず》いた明智《あけち》の国《くに》は確《たし》かに滅《ほろ》んだ
しかし
いつの時代《じだい》も人々《ひとびと》が抱《かか》える様々《さまざま》な感情《かんじょう》の「偉大《いだい》なる代弁者《だいべんしゃ》」として
光秀《みつひで》の名《な》は生《い》き残《のこ》り続《つづ》けたのである

※山崎の戦で実際に戦ったのは摂津の池田軍と配下の国衆だったともいう

※ちなみに播磨最西部は宇喜多氏従属に際し割譲

※1 日吉丸という名は後世に創作された幼名であるといわれている

※2 引間飯尾氏に従属していた松下氏の庶流

当時《とうじ》
主君信長《しゅくんのぶなが》の立場《たちば》は
不安定《ふあんてい》なものだった
※一般に知られている信行、初名は信勝
有力《ゆうりょく》な家臣《かしん》は
弟《おとうと》の信成《※のぶなり》の方《ほう》に
多《おお》くついており
自分《じぶん》の宿老《しゅくろう》とも
折《お》り合《あ》いが
悪《わる》かった
父親《ちちおや》の残《のこ》した国《くに》は
内外《ないがい》に敵《てき》だらけの
滅亡寸前《めつぼうすんぜん》の状態《じょうたい》で
舅《しゅうと》の斎藤道三《さいとうどうさん》が
滅《ほろ》んでからは
頼《たよ》れる外戚《がいせき》も
いなかった
そうした中《なか》
信長《のぶなが》は織田家《おだけ》の
譜代家臣《ふだいかしん》ではなく
信長個人《のぶながこじん》と
つながりのある
家臣《かしん》を頼《たよ》りにする
しかなかった
別《べつ》に能力主義《のうりょくしゅぎ》で
家臣《かしん》を雇《やと》おうと
思《おも》ったわけじゃない
そうしないと
やっていけな
かっただけだ
人手不足《ひとでぶそく》
だったから
そこに秀吉《ひでよし》の
出世《しゅっせ》のチャンスが
あった
秀吉《ひでよし》の名前《なまえ》を
書状《しょじょう》で確認《かくにん》
できるのは
永禄《えいろく》8
(1565)年《ねん》
(秀吉《ひでよし》29歳頃《さいごろ》)
何《なん》とすでに
信長《のぶなが》の重臣《じゅうしん》たちと
肩《かた》を並《なら》べて署名《しょめい》
している

美濃《みの》攻《ぜ》めで様々《さまざま》な活躍《かつやく》をしたといわれるが
その内容《ないよう》を具体的《ぐたいてき》に示《しめ》す史料《しりょう》はない
例《たと》えば墨俣《すのまた》に一夜《いちや》で城《しろ》を作《つく》ったという
有名《ゆうめい》なエピソードがあるが
墨俣城《すのまたじょう》は5年前《ねんまえ》に信長《のぶなが》がすでに前線基地《ぜんせんきち》にしており
秀吉《ひでよし》が作《つく》ったものではない
墨俣一夜城《すのまたいちやじょう》の話《はなし》は後世《こうせい》の創作《そうさく》か
事実《じじつ》としても修理《しゅうり》しただけか別《べつ》の城《しろ》のことではと言《い》われている
しかしこの時《とき》何《なん》らかの手柄《てがら》を立《た》てたことは確《たし》かで
永禄《えいろく》11（1568）年《ねん》信長《のぶなが》の上洛戦《じょうらくせん》では
すでに秀吉《ひでよし》は一部隊《いちぶたい》の将《しょう》となって参陣《さんじん》
信長《のぶなが》の重臣《じゅうしん》佐久間《さくま》・丹羽《にわ》とともに城《しろ》を攻略《こうりゃく》している
上洛《じょうらく》すると信長《のぶなが》の重臣《じゅうしん》たちは京都《きょうと》の政務《せいむ》も担当《たんとう》するようになったが
その中《なか》の一人《ひとり》に秀吉《ひでよし》もいる
秀吉《ひでよし》は信長《のぶなが》に仕《つか》え始《はじ》めて10年余《ねんあまり》で軍事《ぐんじ》・政務《せいむ》の両方《りょうほう》で重臣《じゅうしん》たちと同格《どうかく》になっていた

若狭《わかさ》
元亀元《げんきがん》（1570）年《ねん》 信長《のぶなが》は若狭《わかさ》に 出陣《しゅつじん》するが
浅井《あざい》の裏切《うらぎ》りに会《あ》い 命《いのち》からがら京都《きょうと》に 逃《に》げ帰《かえ》った
この時秀吉《ときひでよし》は 光秀《みつひで》や池田勝正《いけだかつまさ》 とともに 金《かね》ケ崎《がさき》に残《のこ》って 殿軍《しんがり》を務《つと》めた
その後秀吉《ごひでよし》は 対浅井《たいあざい》の最前線《さいぜんせん》 横山城《よこやまじょう》に入《はい》り
以後《いご》3年間《ねんかん》 敵地《てきち》に深《ふか》く 入《はい》り込《こ》んだ この城《しろ》で
浅井軍《あざいぐん》を 何度《なんど》も 撃退《げきたい》した
だが彼《かれ》は戦《いくさ》ばかり していたわけではない
実《じつ》はこの間《かん》も 京都《きょうと》との間《あいだ》を往復《おうふく》し
奉行《ぶぎょう》の仕事《しごと》を こなしている
急激《きゅうげき》に大《おお》きくなった 信長陣営《のぶながじんえい》では 行政官《ぎょうせいかん》と武将《ぶしょう》との 区別《くべつ》がついておらず
ドサッ
信長《のぶなが》の家臣《かしん》は 一人《ひとり》で何役《なんやく》もこなし 結果《けっか》を出《だ》すスキルが 求《もと》められた
おーい 助《たす》けにきたぞー
光秀《みつひで》も秀吉《ひでよし》も そうして出世《しゅっせ》 していったし
その能力《のうりょく》がなければ 信長陣営《のぶながじんえい》の出世競争《しゅっせきょうそう》には 勝《か》てなかった

※ただしこの時はまだ限定的であった

※ただし、数日後には茶会に出席しているので信長にはすぐに許されている

秀吉《ひでよし》は
播磨《はりま》に入国《にゅうごく》
国中《くにじゅう》の人質《ひとじち》を
集《あつ》め
わずか10日《か》
あまりで
国衆《くにしゅう》を従《したが》わせる
今一番《いまいちばん》
やるべき事《こと》は
何《なに》かを考《かんが》えて
それを
死《し》に物狂《ものぐる》いで
続《つづ》ける奴《やつ》が
成功《せいこう》する
今死《いまし》に物狂《ものぐる》いに
ならずして
いつなるのだ
信長《のぶなが》から
ようやった
戻《もど》って
一服《いっぷく》せよ
と
言《い》われても
このくらい
大《たい》した働《はたら》きでは
ありません
但馬《たじま》から
播磨《はりま》へ戻《もど》り
多《おお》くの城《しろ》を
包囲《ほうい》、開城《かいじょう》させ
信長《のぶなが》より名物《めいぶつ》
「乙御前《おとごぜ》の釜《かま》」を
拝領《はいりょう》した
しかし
この急激《きゅうげき》な
攻略《こうりゃく》は
大《おお》きな
しっぺ返《がえ》しを
食《く》らう
天正《てんしょう》6（1578）年《ねん》
それまで信長《のぶなが》の
忠実《ちゅうじつ》な味方《みかた》だった
三木城《みきじょう》の別所長治《べっしょながはる》が
義昭《よしあき》の調略《ちょうりゃく》に
のって謀反《むほん》を
起《お》こした
さらに摂津《せっつ》の
荒木《あらき》も離反《りはん》
いずれも
国衆《くにしゅう》たちの
立場《たちば》や事情《じじょう》を
考《かんが》えない
秀吉《ひでよし》の強引《ごういん》な
支配《しはい》のやり方《かた》が
原因《げんいん》だった

秀吉《ひでよし》は一気《いっき》にピンチに陥《おちい》った
これで実績《じっせき》を残《のこ》せなかったら後《あと》がない
秀吉《ひでよし》は失策《しっさく》を埋《う》めるために独力《どくりょく》で三木城《みきじょう》を攻略《こうりゃく》
降伏《こうふく》した兵《へい》もことごとくなで斬《ぎ》りにした
これはほかの国衆《くにしゅう》への見《み》せしめだ
今一番《いまいちばん》必要《ひつよう》なのは
奴《やつ》らに謀反《むほん》を起《お》こそうなどという気《き》をなくさせること
この戦果《せんか》に信長《のぶなが》は喜《よろこ》び三木城攻《みきじょうぜ》めの後《あと》
侍《さむらい》ならば皆《みな》秀吉《ひでよし》にあやかりたいと申《もう》すであろう
ナデナデ
と秀吉《ひでよし》の頭《あたま》をなでて褒《ほ》めている
天正《てんしょう》8（1580）年《ねん》秀吉《ひでよし》は信長《のぶなが》から播磨《はりま》と但馬《たじま》を正式《せいしき》に与《あた》えられた
絶体絶命《ぜったいぜつめい》の状況《じょうきょう》から一転《いってん》
信長家臣団《のぶながかしんだん》のトップに躍《おど》り出《で》たのである

天正《てんしょう》9（1581）年《ねん》一度《いちど》は収《おさ》まった鳥取城《とっとりじょう》が再《ふたた》び秀吉《ひでよし》に造反《ぞうはん》
秀吉《ひでよし》は過酷《かこく》な兵糧攻《ひょうろうぜ》めを行《おこな》った
この年《とし》は戦災《せんさい》による兵糧不足《ひょうろうぶそく》で
籠城用《ろうじょうよう》の兵糧《ひょうろう》が用意《ようい》できなかった鳥取城内《とっとりじょうない》では餓死者《がししゃ》が続出《ぞくしゅつ》した
秀吉《ひでよし》というと庶民派《しょみんは》という印象《いんしょう》が強《つよ》いが
実際《じっさい》には大量虐殺《たいりょうぎゃくさつ》を何度《なんど》も行《おこな》っている
越前一向一揆《えちぜんいっこういっき》でも明智《あけち》とともに「地面《じめん》も見《み》えない」ほどの人《ひと》をなで斬《ぎ》りにした
効率《こうりつ》よく再《ふたた》び謀反《むほん》が起《お》きぬよう国《くに》を平定《へいてい》したということは
それだけ徹底《てってい》して殺《ころ》しているということであり
当時四方《とうじしほう》に反乱《はんらん》を抱《かか》えた信長《のぶなが》にその能力《のうりょく》が珍重《ちんちょう》され出世《しゅっせ》したのであった
一方《いっぽう》で秀吉《ひでよし》には面倒見《めんどうみ》の良《よ》さと独特《どくとく》の親《した》しみやすさがあった

天正《てんしょう》5（1577）年《ねん》黒田孝高《くろだよしたか》に書状《しょじょう》を送《おく》り
君《きみ》を弟《おとうと》の秀長《ひでなが》同様《どうよう》に思《おも》っている
と相手《あいて》に気《き》を良《よ》くさせている
譜代家臣《ふだいかしん》がいない秀吉《ひでよし》が家臣《かしん》を作《つく》るための苦肉《くにく》の策《さく》といえなくもないが
秀吉文書《ひでよしもんじょ》は7千通《せんつう》にも及《およ》び
そのうち右筆《ゆうひつ》を通《とお》さず自分《じぶん》で書《か》いたのも百数十通《ひゃくすうじゅっつう》に上《のぼ》る
それは彼《かれ》にとって幸運《こううん》なことにその性格《せいかく》と矛盾《むじゅん》していなかった
どちらも秀吉《ひでよし》の一面《いちめん》であるが
あるいはそれは
若《わか》いころから多《おお》くの人《ひと》と会《あ》い
厳《きび》しい現実《げんじつ》を経験《けいけん》してきた結果《けっか》なのかもしれない
信長《のぶなが》の死後《しご》——
尾張国《おわりのくに》清須城《きよすじょう》で
織田家《おだけ》の宿老《しゅくろう》たちが集《あつ》まって
織田家《おだけ》の今後《こんご》を話《はな》し合《あ》った
通称《つうしょう》清須会議《きよすかいぎ》である

これまでの通説《つうせつ》では
これまでの通説《つうせつ》
信孝《のぶたか》
ギャー
ギャー
当主《とうしゅ》
信雄《のぶかつ》
三法師《さんぼうし》
清須会議《きよすかいぎ》は
信長《のぶなが》の後継者《こうけいしゃ》を決《き》める会議《かいぎ》だったとされてきた
しかし近年《きんねん》の研究《けんきゅう》では
織田家《おだけ》の跡継《あとつ》ぎは
最初《さいしょ》から信長《のぶなが》の嫡孫《ちゃくそん》三法師《さんぼうし》と決《き》まっており
異議《いぎ》ナシ
嫡流《ちゃくりゅう》
分家《ぶんけ》
異議《いぎ》ナシ
分家《ぶんけ》
会議《かいぎ》の目的《もくてき》は
名代《みょうだい》
その名代《みょうだい》（代行者《だいこうしゃ》）を誰《だれ》にするか
決《き》めることであったという
その結果《けっか》
三法師《さんぼうし》の名代《みょうだい》にはだれも立《た》てず
宿老《しゅくろう》たちが共同《きょうどう》で政治《せいじ》を見《み》ることになった
?
宿老《しゅくろう》
信長《のぶなが》の二人《ふたり》の息子《むすこ》…信孝《のぶたか》・信雄《のぶかつ》の仲《なか》があまりにも悪《わる》く
どちらを名代《みょうだい》にしても角《かど》が立《た》ったからである
というのも

我々《われわれ》が織田家《おだけ》を盛《も》り立《た》てていかねばな
はい…
織田家《おだけ》はもう天下人《てんかびと》の家《いえ》として機能《きのう》しないだろう
なぜなら信長様《のぶながさま》はご長男信忠様《ちょうなんのぶただ さま》が後継者《こうけいしゃ》になる以外《いがい》のケースを全《まった》く想定《そうてい》しておられなかったからだ
信忠《のぶただ》
だから信忠様《のぶただ さま》はどんなことがあっても
信長様《のぶながさま》と同《おな》じ日《ひ》に討死《うちじに》などせず死《し》に物狂《ものぐる》いで生《い》き延《の》びるべきだったのだ
若《わか》き日《ひ》の父上《ちちうえ》のように
だがそれも運《うん》——
成功《せいこう》する者《もの》は今一番《いまいちばん》すべきことは何《なに》かを考《かんが》えてそれを死《し》に物狂《ものぐる》いで続《つづ》ける奴《やつ》
頭《あたま》を使《つか》わぬ者《もの》あきらめた者《もの》はただ去《さ》るのみ
去《さ》るのみ——
（第二章　羽柴秀吉　おわり）

ある日《ひ》織田軍《おだぐん》は敵《てき》に城《しろ》を囲《かこ》まれてしまった
どうしよう
みず〜
もう水《みず》はこの瓶《かめ》の中《なか》の分《ぶん》しかないぞ
その時《とき》——
ガチャン
あっ水《みず》が…
何《なに》をする!
はっ
ド
我《われ》らはこれより城《しろ》の外《そと》に打《う》って出《で》る
見《み》ての通《とお》り負《ま》けて帰《かえ》っても城《しろ》には水《みず》はない
死《し》にたくなければ前《まえ》へ進《すす》んで勝《か》つしかないのだ
勝家《かついえ》さま…

必死《ひっし》の覚悟《かくご》は兵《へい》たちに伝《つた》わり
見事《みごと》敵《てき》を打《う》ち破《やぶ》ったという
『瓶割《かめわ》り柴田《しばた》』として有名《ゆうめい》なこの逸話《いつわ》は
創作《そうさく》であるとも言《い》われているが
かなり早《はや》い時期《じき》の歴史書《れきししょ》にも記《しる》されており
早《はや》くから彼《かれ》は勇猛《ゆうもう》な将《しょう》として人々《ひとびと》に知《し》られていた
「鬼柴田《おにしばた》」と恐《おそ》れられた織田家《おだけ》の筆頭家老《ひっとうかろう》
柴田勝家《しばたかついえ》である
第三章
柴田勝家
彼《かれ》は織田家《おだけ》とともにあり
織田家《おだけ》のために戦《たたか》い続《つづ》けた
またそういう道《みち》を歩《あゆ》まざるを得《え》なかった武将《ぶしょう》であった

信長《のぶなが》が家督《かとく》を継《つ》いだころ
勝家《かついえ》は信長《のぶなが》の弟《おとうと》信成《のぶなり》の家老《かろう》であった
兄《あに》・信長《のぶなが》
弟《おとうと》・信成《のぶなり》
当時《とうじ》は兄《あに》の信長《のぶなが》より弟《おとうと》の信成《のぶなり》の方《ほう》が勢力《せいりょく》が大《おお》きく
家臣《かしん》も弟《おとうと》の方《ほう》につく者《もの》が多《おお》かった
当主《とうしゅ》
しかし
弟《おとうと》の信成様《のぶなりさま》は兄《あに》の信長様《のぶながさま》に対《たい》して反乱《はんらん》を起《お》こした
だが信長様《のぶながさま》は信成様《のぶなりさま》やわしをお許《ゆる》しくださった
それなのに
信成様《のぶなりさま》は再《ふたた》び兄信長様《あにのぶながさま》を討《う》とうと考《かんが》えておられる
将《しょう》としても人《ひと》としても信長様《のぶながさま》の器量《きりょう》は弟《おとうと》よりはるかに上《うえ》だ
わしはもう信成様《のぶなりさま》にあいそがつきた
勝家《かついえ》は信成《のぶなり》の再謀反計画《さいむほんけいかく》を信長《のぶなが》に密告《みっこく》
信成《のぶなり》は討《う》たれ
勝家《かついえ》は以後《いご》信長《のぶなが》の武将《ぶしょう》として仕《つか》えることになる

勝家《かついえ》の人《ひと》を見《み》る目《め》は正《ただ》しかった
信長《のぶなが》はわずか10年《ねん》ほどで尾張一国《おわりいっこく》を平定《へいてい》
桶狭間《おけはざま》で今川義元《いまがわよしもと》を討《う》ち取《と》り
さらに美濃《みの》を攻略《こうりゃく》し
都《みやこ》を追《お》われた将軍足利義昭《しょうぐんあしかがよしあき》を奉《ほう》じて上洛《じょうらく》
大大名《だいだいみょう》の仲間入《なかまい》りを果《は》たしたのだった
しかし
ワーッ
元亀元《げんきがん》（1570）年《ねん》浅井長政《あざいながまさ》が突如《とつじょ》信長《のぶなが》を裏切《うらぎ》ると
それにつられるように他《た》の勢力《せいりょく》も反旗《はんき》を翻《ひるがえ》した
勝家《かついえ》は重要地点《じゅうようちてん》長光寺城《ちょうこうじじょう》を与《あた》えられ
信長《のぶなが》のために戦《たたか》いを繰《く》り広《ひろ》げた
冒頭《ぼうとう》の『瓶割《かめわ》り柴田《しばた》』の逸話《いつわ》は
この時《とき》の話《はなし》と言《い》われる

天正《てんしょう》3（1575）年《ねん》信長《のぶなが》は越前一向一揆《えちぜんいっこういっき》を掃討《そうとう》
勝家《かついえ》は平定《へいてい》された越前国《えちぜんのくに》10郡《ぐん》のうち8郡《ぐん》を任《まか》された
越前国《えちぜんのくに》のような大国《たいこく》の「領域支配《りょういきしはい》」をわしが家臣《かしん》に任《まか》せるのは
お主《ぬし》が初《はじ》めてじゃ
しっかり励《はげ》めよ勝家《かついえ》！
はっ
勝家《かついえ》が任《まか》された「領域支配《りょういきしはい》」とは
この時代特有《じだいとくゆう》の仕組《しく》みである
それまでの農村《のうそん》では中世《ちゅうせい》から続《つづ》いたいろんな権利関係《けんりかんけい》が
ごちゃごちゃと絡《から》み合《あ》っていた（「点《てん》」の関係《かんけい》）
領主
領主
領主
領主
夫役
年貢
兵役
村
村
村
ごちゃら
ごちゃら
税《ぜい》や夫役《ぶやく》を納《おさ》める先《さき》が多《おお》くてややこしいな
もっとすっきりしないかな
やがてそれらの上《うえ》に
ヒュ〜〜〜！

国衆《くにしゅう》や大名《だいみょう》が現《あらわ》れ
どーん
国衆《くにしゅう》・大名《だいみょう》
家臣《かしん》を使《つか》って その地域《ちいき》を 一括《いっかつ》して支配《しはい》した （「面《めん》」的《てき》なまとまり）
夫役
年貢
兵役
村
村
村
村
村
わっ すっきりした
これが「領域支配《りょういきしはい》」という 仕組《しく》みである
この「領域支配《りょういきしはい》」には
いくつかの やり方《かた》があるが
軍事
城将
軍事も
行政も
管理も
城代
主君《しゅくん》からその地域《ちいき》の 軍事《ぐんじ》・行政全般《ぎょうせいぜんぱん》を 任《まか》されたのが 「支城領主《じょうりょうしゅ》」という
会社《かいしゃ》で言《い》うと 支店《してん》の開設《かいせつ》
ハイ！
支店
ヨロシク！
本店
支城領主
城将
大名
城代
信長《のぶなが》もまた 支配《しはい》する地域《ちいき》が 広《ひろ》くなると
有力《ゆうりょく》な家臣《かしん》を 「支城領主《しじょうりょうしゅ》」として 各地《かくち》に置《お》いた
支城領主
任《まか》せた
支城領主
支城領主
任《まか》せた
支城領主
直轄領
家臣《かしん》でありながら 大名級《だいみょうきゅう》の領国《りょうごく》と 権力《けんりょく》を持《も》つ彼《かれ》ら 「支城領主《じょうりょうしゅ》」たちは
信長家臣団中《のぶながかしんだんちゅう》の トップエリートで あった
いいなー
カッコイイ…
スゲー

古《ふる》き制度《せいど》をこわすのだー！
なおこの「領域支配《りょういきしはい》」（一職支配《いっしきしはい》）は
以前《いぜん》は
信長《のぶなが》が始《はじ》めた
画期的《かっきてき》な制度《せいど》と
いわれていたが
領域支配《りょういきしはい》
大名《だいみょう》なら
フツーだよなぁ
なぁ
その後《ご》の研究《けんきゅう》で
北条《ほうじょう》や武田《たけだ》でも
行《おこな》われていたことが
わかっている
話《はなし》を勝家《かついえ》に戻《もど》すと——
この時《とき》
信長《のぶなが》は勝家《かついえ》に
有名《ゆうめい》な
『越前国掟九か条《えちぜんのくにおきてきゅうかじょう》』を
与《あた》えている
何事《なにごと》も
信長《のぶなが》の意見《いけん》を
聞《き》くように…
そこには勝家《かついえ》の
勝手《かって》なふるまいを
禁《きん》じ
主信長《あるじのぶなが》を立《た》て
言《い》うことを
聞《き》くようにと
書《か》かれてある
この文書《もんじょ》は
以前《いぜん》は
領地《りょうち》は与《あた》えたが
重要《じゅうよう》なところは
信長《のぶなが》が決《き》める
重臣《じゅうしん》と言《い》えど
勝手《かって》な真似《まね》は
させん
…という
信長《のぶなが》の強権《きょうけん》の
証拠《しょうこ》と
されてきた
しかし

実際《じっさい》は
信長《のぶなが》がこの権力《けんりょく》を使《つか》ったのは最初《さいしょ》のうちだけで
このくらい厳《きび》しく書《か》いておかないと聞《き》かんだろうなあ…
あとは勝家《かついえ》が独自《どくじ》の支配《しはい》を進《すす》めていたようである
領国内《りょうこくない》では君主《くんしゅ》のように振《ふ》る舞《ま》い
本拠地《ほんきょち》である越前国北庄《えちぜんのくにきたのしょう》に信長《のぶなが》の安土城《あづちじょう》に匹敵《ひってき》する巨大《きょだい》な城《しろ》を築《きず》いた
その一方《いっぽう》部下思《ぶかおも》いの武将《ぶしょう》でもあり
宣教師《せんきょうし》から珍《めずら》しいオリーヴの実《み》を献上《けんじょう》されると
わざわざその場《ば》で切《き》り分《わ》けさせて
周《まわ》りにいた重臣《じゅうしん》・若侍《わかざむらい》・小姓全員《こしょうぜんいん》に分《わ》け与《あた》えた
また異《こと》なる文化《ぶんか》にも理解《りかい》を示《しめ》した
キリスト者《しゃ》は土日《どにち》は肉食《にくしょく》をしません
あい分《わ》かった ならば歓迎《かんげい》の宴《うたげ》はそなたらの望《のぞ》む日《ひ》に行《おこな》うとしよう
だが勝家《かついえ》はこの地《ち》で
ザク…
慣《な》れない雪国暮《ゆきぐにぐ》らしをしながら
進《すす》め信長様《のぶながさま》の御《おん》ためぞ!
ヒュオオオオ
百年間《ひゃくねんかん》一向一揆《いっこういっき》が支配《しはい》していた国《くに》を
ほぼ単独《たんどく》でわずか4年《ねん》の間《あいだ》に次々《つぎつぎ》と平定《へいてい》していった

良《よ》くも悪《わる》くも
勝家《かついえ》は純朴《じゅんぼく》な男《おとこ》であった
この頃《ころ》勝家《かついえ》は
「天下一統《てんかいっとう》」という言葉《ことば》を使《つか》い
信長《のぶなが》が治《おさ》める中央《ちゅうおう》の「天下《てんか》」に従《したが》い一《ひと》つにまとまっていくよう
天下一統《てんかいっとう》
敵将《てきしょう》に積極的《せっきょくてき》に求《もと》めていった
勝家《かついえ》は
今《いま》まさに信長様《のぶながさま》のもとに地方《ちほう》が従《したが》いつつある
…とはっきり認識《にんしき》していた
お仕《つか》えして24年《ねん》…
このような日《ひ》がこようとは
自分《じぶん》は今《いま》も重臣《じゅうしん》としてそのお手伝《てつだ》いをしている
何《なん》と光栄《こうえい》なことよ

1582（天正《てんしょう》10）年《ねん》
本能寺《ほんのうじ》の変勃発《へんぼっぱつ》――
勝家《かついえ》はすぐにでも上洛《じょうらく》し弔《とむら》い合戦《がっせん》をしたかった
しかし越中《えっちゅう》・能登《のと》で一揆《いっき》の蜂起《ほうき》があり
大軍《たいぐん》を動《うご》かすのは不可能《ふかのう》だった
その間《あいだ》に秀吉《ひでよし》が惟任《これとう》（明智《あけち》）を討伐《とうばつ》
サルが…
結果的《けっかてき》にこれが両者《りょうしゃ》の運命《うんめい》を決《き》めることになる
清須会議《きよすかいぎ》とは
織田家《おだけ》の跡継《あとつ》ぎは信長《のぶなが》の嫡孫三法師《ちゃくそんさんぼうし》とすでに決定《けってい》しており
誰《だれ》を三法師《さんぼうし》の名代《みょうだい》（代行者《だいこうしゃ》）にするかという会議《かいぎ》である
結局《けっきょく》名代《みょうだい》は立《た》てず
宿老《しゅくろう》4人《にん》と守役《もりやく》1人《り》の5人《にん》が話《はな》し合《あ》って政治《せいじ》を運営《うんえい》することになった
なお勝家《かついえ》が信長《のぶなが》の三男信孝《さんなんのぶたか》を織田《おだ》の当主《とうしゅ》に推《お》したというのは
後世《こうせい》の創作《そうさく》である

この時《とき》はまだ勝家《かついえ》と秀吉《ひでよし》の仲《なか》は悪《わる》くはなかったし
秀吉《ひでよし》は織田《おだ》家《け》から天下《てんか》を奪《うば》おうと最初《さいしょ》から狙《ねら》っていたという証拠《しょうこ》もない
この時《とき》は(少《すく》なくとも表面上《ひょうめんじょう》は)皆《みな》で
…
織田《おだ》体制《たいせい》を維持《いじ》していこうとしていたのである
だが光秀《みつひで》を討《う》った秀吉《ひでよし》の所領《しょりょう》が
大幅《おおはば》に増《ふ》えたことで
勝家《かついえ》は筆頭《ひっとう》家老《かろう》の地位《ちい》から転落《てんらく》していた
秀吉《ひでよし》と一緒《いっしょ》に光秀《みつひで》を討《う》ったのはこのわしだぞ
三法師《さんぼうし》の名代《みょうだい》はわしこそがふさわしい
信長《のぶなが》の三男《さんなん》・信孝《のぶたか》
勝家《かついえ》は自分《じぶん》の立場《たちば》を挽回《ばんかい》しつつ
家中《かちゅう》を束《たば》ねなければならなかった
信孝《のぶたか》め…母親《ははおや》の身分《みぶん》が低《ひく》いのに名代《みょうだい》を狙《ねら》うとは
信長《のぶなが》の次男《じなん》・信雄《のぶかつ》
(長男《ちょうなん》信忠《のぶただ》と同母《どうぼ》)
フン

やがて信孝《のぶたか》が三法師《さんぼうし》を囲《かこ》い込《こ》み
所領保証《しょりょうほしょう》や訴訟《そしょう》の受理《じゅり》など主君《しゅくん》のようなことをし始《はじ》め
宿老《しゅくろう》たち（特《とく》に秀吉《ひでよし》）の政治運営《せいじうんえい》の障害《しょうがい》となる
そして
勝家《かついえ》と秀吉《ひでよし》も対立《たいりつ》する
勝家《かついえ》は信孝側《のぶたかがわ》になり
信孝《のぶたか》の伯母《おば》（小谷《おだに》の方《かた》）を※娶《めと》って関係《かんけい》を強化《きょうか》した
※小谷の方と勝家との婚姻の時期は諸説あり
一方秀吉《いっぽうひでよし》は信雄側《のぶかつがわ》につき
信孝《のぶたか》さまのやり方《かた》は目《め》に余《あま》る!
他《た》の宿老《しゅくろう》を取《と》り込《こ》んで
織田家《おだけ》の家督《かとく》を三法師《さんぼうし》から信雄《のぶかつ》に移《うつ》すことを決定《けってい》
確《たし》かに信孝《のぶたか》さまのやり方《かた》はまずい天下《てんか》を乱《みだ》す
だが秀吉《ひでよし》…
我《われ》らは家臣《かしん》ぞ!
主家《しゅけ》である織田家《おだけ》の方々《かたがた》を尊重《そんちょう》せずして何《なに》が宿老《しゅくろう》か

秀吉《ひでよし》は信孝《のぶたか》のいる
岐阜城《ぎふじょう》を攻《せ》め
さらに長浜《ながはま》の
柴田陣営《しばたじんえい》を
服従《ふくじゅう》させる
勝家《かついえ》は
雪《ゆき》をかき分《わ》け
越前《えちぜん》から長浜《ながはま》に
出陣《しゅつじん》するが
賤ケ岳《しずがたけ》で敗北《はいぼく》
秀吉《ひでよし》は
自国《じこく》に逃《に》げ帰《かえ》る
勝家《かついえ》を追撃《ついげき》
勝家《かついえ》は妻《つま》・小谷《おだに》の方《かた》
とともに自害《じがい》した
享年《きょうねん》62（諸説《しょせつ》あり）
北庄城《きたのしょうじょう》には
火《ひ》が放《はな》たれ
跡形《あとかた》もなく
焼《や》け落《お》ちたという
信長《のぶなが》の在世時《ざいせじ》
勝家《かついえ》は
誰《だれ》もが認《みと》める
織田家《おだけ》の
重鎮《じゅうちん》であり
非凡《ひぼん》な将《しょう》だった

もともと不器用《ぶきよう》で
独断専行型《どくだんせんこうがた》の
勝家《かついえ》が
秀吉《ひでよし》を相手《あいて》に
信長《のぶなが》と信忠《のぶただ》という
中枢《ちゅうすう》を一度《いちど》に失《うしな》い
それぞれが
主張《しゅちょう》を始《はじ》めて
バランスを失《うしな》った
織田政権《おだせいけん》の
かじを取《と》るのは
複雑《ふくざつ》すぎた
のかもしれない
勝家殿《かついえどの》…
あなたの考《かんが》えでは
織田家《おだけ》も我《われ》らも
共倒《ともだお》れだ
主家《しゅけ》に遠慮《えんりょ》して
いったいどうして
この広大《こうだい》な領国《りょうごく》を
治《おさ》められよう
だからといって
信雄様《のぶかつさま》で
治《おさ》められるか
そして
時代《じだい》もまた
室町幕府《むろまちばくふ》を
ひきずった
信長《のぶなが》よりも
さらに大《おお》きな
力《ちから》を持《も》った
だったら
わしが…
わぁああああ
この後秀吉《のちひでよし》は
宿老《しゅくろう》による
織田体制《おだたいせい》に
限界《げんかい》を感《かん》じ
自分自身《じぶんじしん》で
天下《てんか》を取《と》る
方《ほう》へ大《おお》きく
舵《かじ》を切《き》る
新《あたら》しい権力者《けんりょくしゃ》を
求《もと》めていた

信長《のぶなが》の家来《けらい》で 好《す》きな武将《ぶしょう》は? と聞《き》くと…
豊臣《とよとみ》（羽柴《はしば》）秀吉《ひでよし》だよな!
やっぱり 明智光秀《あけちみつひで》!
うーん 柴田勝家《しばたかついえ》かな
などという 答《こた》えが 返《かえ》ってくるが
彼《かれ》らと並《なら》ぶ いや それ以上《いじょう》の
地位《ちい》と勢力《せいりょく》を 誇《ほこ》ったにも かかわらず
え?誰《だれ》
今《いま》やほとんど 忘《わす》れ去《さ》られて しまった 武将《ぶしょう》がいる
彼《かれ》の名《な》は 佐久間信盛《さくまのぶもり》
信長陣営《のぶながじんえい》の 最古参《さいこさん》の 家老《かろう》であり
かの宣教師《せんきょうし》 フロイスから 柴田勝家《しばたかついえ》と 並《なら》んで
「信長《のぶなが》の最《もっと》も 重要《じゅうよう》な将軍《しょうぐん》 二人《ふたり》」
とまで言《い》われた 武将《ぶしょう》であった
第四章
佐久間信盛

※最初信成側にいた説もあり

なお今川本陣に突撃したのは
信長直属の馬廻りのみである
この時《とき》佐久間氏《さくまし》の惣領格《そうりょうかく》佐久間盛重《さくまもりしげ》が討死《うちじに》したので
佐久間信盛《さくまのぶもり》が佐久間氏《さくまし》を率《ひき》いることになった
その後《ご》佐久間《さくま》は信長《のぶなが》の重臣《じゅうしん》として活躍《かつやく》する
信長《のぶなが》の娘《むすめ》五徳《ごとく》と三河《みかわ》の徳川氏《とくがわし》との婚礼《こんれい》の供奉役《ぐぶやく》を務《つと》め
大和《やまと》の国衆《くにしゅう》や興福寺衆徒《こうふくじしゅうと》との交渉《こうしょう》を担当《たんとう》
主君信長《しゅくんのぶなが》の上洛《じょうらく》の根回《ねまわ》しに奔走《ほんそう》している
こういう役《やく》がこなせたのも
佐久間《さくま》は宣教師《せんきょうし》のフロイスから「よき教育《きょういく》を受《う》けた人《ひと》」と言《い》われるほど
当時《とうじ》の織田陣営《おだじんえい》の中《なか》では教養人《きょうようじん》だったからだろう
当時《とうじ》の信長《のぶなが》にとって佐久間《さくま》は戦《いくさ》だけではなく社交《しゃこう》や外交《がいこう》もこなせる貴重《きちょう》な人材《じんざい》であった
その後《ご》佐久間《さくま》は信長《のぶなが》とともに上洛《じょうらく》に同行《どうこう》
戦闘《せんとう》に参加《さんか》京都《きょうと》の政務《せいむ》に携《たずさ》わる

※秀吉のように軍事行政全てを任せられた（支城領主）ではなく、信長の直轄領の中で城代・郡代をいくつも兼ねた

諸将《しょしょう》が黙《だま》っている中《なか》
佐久間《さくま》は目《め》に涙《なみだ》を浮《う》かべ ただ一人《ひとり》こう言《い》った
なに…
ザワザワ…
殿《との》！
我々《われわれ》ほどの家臣《かしん》はおりませんぞ
四方《しほう》に敵《てき》を抱《かか》え我々《われわれ》は戦《たたか》いづめ戦《たたか》っているのに
皆《みな》ここまでついてきている
それを感謝《かんしゃ》もせずたった一度《いちど》の失態《しったい》で叱責《しっせき》するとは何事《なにごと》だ
…と口答《くちごた》えしたのだった
またのちの話《はなし》だが
河内国《かわちのくに》の武士《ぶし》が敵《てき》と通《つう》じているとのうわさがあり
彼《かれ》の処刑《しょけい》を命令《めいれい》した信長《のぶなが》に佐久間《さくま》は
その者《もの》は無実《むじつ》です
と説得《せっとく》
信長《のぶなが》は思《おも》いとどまり
訊問《じんもん》の結果《けっか》無実《むじつ》が明《あき》らかになったという
無罪

信長《のぶなが》というと独断的《どくだんてき》で
家臣《かしん》の言《い》うことなど聞《き》かない印象《いんしょう》があるが
実《じつ》は家臣《かしん》の言《い》うことが正《ただ》しいと判断《はんだん》すれば
意外《いがい》に意見《いけん》を受《う》け入《い》れる人物《じんぶつ》であった
戦《いくさ》の前線《ぜんせん》にいた秀吉《ひでよし》が信長《のぶなが》の許可《きょか》を得《え》ず
？
勝手《かって》に敵将《てきしょう》と和睦《わぼく》した事《こと》があった
秀吉《ひでよし》め許《ゆる》さん
安土《あづち》に来《き》てわしの許可《きょか》を得《え》てから和睦《わぼく》すべきだろう
信長《のぶなが》は一時《いちじ》は受理《じゅり》を拒《こば》むが
一《いっ》か月後《げつご》にはその和睦《わぼく》をあっさり認《みと》めている
信長《のぶなが》の嫡男《ちゃくなん》信忠《のぶただ》
実《じつ》はこのように
？
家臣《かしん》が勝手《かって》に遠征先《えんせいさき》で和睦《わぼく》をしてしまうのは当時《とうじ》よくあることだった
当時《とうじ》の大名《だいみょう》というものは
家臣《かしん》たちの「一味同心《いちみどうしん》」に支《ささ》えられており
重臣《じゅうしん》たちの意見《いけん》を無視《むし》することはできなかった
それは信長《のぶなが》とて同《おな》じだったのである
本当《ほんとう》はちゃんと許可《きょか》を取《と》ってほしかったんだがなあ…
しゃあない…
和ぼくしました吉

その後《ご》も長島《ながしま》
河内《かわち》への遠征《えんせい》
松永久秀《まつながひさひで》の
投降《とうこう》の仲介《ちゅうかい》の労《ろう》
高天神城《たかてんじんじょう》攻《ぜ》め
長島《ながしま》攻《ぜ》め
畿内《きない》攻《ぜ》め
高屋城《たかやじょう》攻《ぜ》め
長篠《ながしの》の戦《たたか》い
三河加茂《みかわかも》平定《へいてい》
岩村城《いわむらじょう》攻《ぜ》めにも
助《すけ》っ人《と》で加《くわ》わり
越前一向一揆《えちぜんいっこういっき》
にも参加《さんか》する…
など
佐久間《さくま》は
多忙《たぼう》を
極《きわ》めた
いちいち
読まなくてもいいです
まあ信長様《のぶながさま》の
重臣《じゅうしん》であれば
普通《ふつう》の事《こと》です
天正《てんしょう》4（1576）年《ねん》
信長《のぶなが》は本願寺《ほんがんじ》を
攻撃《こうげき》するが
味方《みかた》に
多大《ただい》な犠牲《ぎせい》を
出《だ》してしまった
本願寺《ほんがんじ》は
手《て》ごわい
対策《たいさく》を変更《へんこう》
せねば
信長《のぶなが》は佐久間《さくま》を
本願寺《ほんがんじ》攻《ぜ》めの
総司令官《そうしれいかん》に任命《にんめい》
多《おお》くの
与力《よりき》をつけ
本願寺《ほんがんじ》の周《まわ》りに
10か所《しょ》もの
付《つ》け城《じろ》を築《きず》き
徹底《てってい》した
包囲戦《ほういせん》に
切《き》り替《か》えた
動員兵力《どういんへいりょく》
2〜3万人《まんにん》
これは
※
柴田《しばた》の北陸方面《ほくりくほうめん》の
軍勢《ぐんぜい》にも勝《まさ》る
当時《とうじ》他《た》に例《れい》を見《み》ない
大規模《だいきぼ》なものだった
※秀吉、光秀も後に
各方面に軍勢を展開するが
1万人未満であった

信盛《のぶもり》はそれから4年間《ねんかん》本願寺包囲網《ほんがんじほういもう》の主将《しゅしょう》を務《つと》める
ところが
積極的《せっきょくてき》に攻撃《こうげき》に出《で》ることはなかった
本願寺《ほんがんじ》から敵《てき》が出《で》てこなかったからである
今《いま》までの多忙《たぼう》さが嘘《うそ》のような
まったりと待《ま》つだけの時間《じかん》が始《はじ》まった
そして—
佐久間様《さくまさま》外交《がいこう》と調略《ちょうりゃく》で敵《てき》を外《そと》へおびきだしましょう
何《なに》を言《い》う
待《ま》てばよいではないか
無理《むり》をしても無駄《むだ》な犠牲《ぎせい》が出《で》るだけだ
はあしかし…
ズズー…!!
戦《たたか》いに戦《たたか》ってここまできたのだ
終《お》わらせてもどうせ次《つぎ》の戦《いくさ》が待《ま》っているだけさ
シャカシャカ…
佐久間《さくま》の中《なか》で何《なに》かが「消《き》え失《う》せて」いた

信長《のぶなが》に仕《つか》えて30年近《ねんちか》く
いつしか佐久間《さくま》の心《こころ》に
自分《じぶん》は今《いま》や押《お》しも押《お》されぬ歴戦《れきせん》の功臣《こうしん》であるという
おごりがあったのかもしれない
包囲《ほうい》するだけのむなしい日々《ひび》が過《す》ぎていった
早《はや》く家《いえ》に帰《かえ》りてえなあ
佐久間様《さくまさま》はいつまで戦《いくさ》を続《つづ》けられるおつもりなんだ
包囲戦《ほういせん》とはいえ出費《しゅっぴ》もバカにならないぞ
信長様《のぶながさま》から加増《かぞう》されたのにその土地《とち》の武士《ぶし》を雇《やと》ってもくれないそうだ
ケチだなあ
諫《いさ》めると怒《おこ》られるから何《なに》も言《い》えないらしいぞ
佐久間様《さくまさま》は何《なに》をやってるんだ！
天正《てんしょう》8（1580）年《ねん》本願寺《ほんがんじ》は開城《かいじょう》した
ただし佐久間《さくま》の力《ちから》ではなく
信長《のぶなが》が朝廷《ちょうてい》を動《うご》かして本願寺《ほんがんじ》との講和《こうわ》を成立《せいりつ》させたのである
そしてその直後《ちょくご》
佐久間《さくま》とその息子《むすこ》を高野山《こうやさん》に追放《ついほう》する※
※一緒に林秀貞・安藤守就親子・丹羽氏勝も失脚している

信長《のぶなが》は佐久間《さくま》宛《あ》てに「十九《じゅうきゅう》か条《じょう》の譴責状《けんせきじょう》」を送《おく》り
この4年間《ねんかん》の佐久間《さくま》の行《おこな》いを厳《きび》しく非難《ひなん》
佐久間信盛《さくまのぶもり》とその息子《むすこ》を事実上更迭《じじつじょうこうてつ》したのである
実《じつ》は
この事件《じけん》は「長年《ながねん》の旧臣《きゅうしん》でも手柄《てがら》のない者《もの》は淘汰《とうた》する」という
信長エピソード
いかにも非情《ひじょう》な信長《のぶなが》らしい逸話《いつわ》として語《かた》られてきた
しかし最近《さいきん》ではあらたな解釈《かいしゃく》がなされている
譴責状《けんせきじょう》をよく見《み》てみると
「5年城《ねんしろ》を囲《かこ》みながら何《なん》の成果《せいか》もないと世間《せけん》が不審《ふしん》に思《おも》っている」
「長期戦《ちょうきせん》に及《およ》べば経費《けいひ》もかさみ兵士《へいし》は苦労《くろう》し家臣《かしん》からの評判《ひょうばん》を落《お》とす」
「新《あたら》しい部下《ぶか》を召《め》し抱《かか》えもせず
ケチであると評判《ひょうばん》を落《お》としている」
ヒソヒソ
「陰険《いんけん》なやり方《かた》で家臣《かしん》から恐《おそ》れられている」
信長《のぶなが》が一番《いちばん》問題《もんだい》にしているのは
「世間《せけん》や家臣《かしん》からの悪評《あくひょう》」であった

なぜ信長《のぶなが》はこんなに「評判《ひょうばん》」を重視《じゅうし》したのか——
現在《げんざい》でもネットの意見《いけん》が政治《せいじ》を動《うご》かすことがあるが
ドキドキドキ…
戦国時代《せんごくじだい》「世間《せけん》の評判《ひょうばん》」は今《いま》よりもっと怖《こわ》いもので
信長自身《のぶながじしん》その恐《おそ》ろしさを十分承知《じゅうぶんしょうち》していた
例《たと》えば後《のち》の話《はなし》だが
あれほど威勢《いせい》を誇《ほこ》った武田勝頼《たけだかつより》も
勝頼《かつより》は高天神城《たかてんじんじょう》の味方《みかた》の救援《きゅうえん》に行《い》かなかったらしいぞ
ナニ
そりゃひどい大将《たいしょう》だ
ナント
と世間《せけん》の噂《うわさ》が立《た》ち
評判《ひょうばん》を落《お》とした結果《けっか》
国衆《くにしゅう》が次々《つぎつぎ》と離反《りはん》し
滅亡《めつぼう》してしまった
それだけに
主君《しゅくん》である自分《じぶん》の評判《ひょうばん》にも影響《えいきょう》する
佐久間《さくま》の戦争《せんそう》への姿勢《しせい》と家臣《かしん》の扱《あつか》いのひどさは
織田政権《おだせいけん》の存亡《そんぼう》にかかわるものとして
処断《しょだん》せざるを得《え》なかった…と考《かんが》えられている
織田軍《おだぐん》は何《なに》やってんだ
ニヤリ…

佐久間《さくま》よ…
同僚《どうりょう》の武将《ぶしょう》をかばって涙《なみだ》したそなたが
なぜ部下《ぶか》の苦労《くろう》を思《おも》いやることができなかったのだ
だが信長《のぶなが》はそれでも
恥《はじ》をそそぐため一戦《いっせん》するか高野山《こうやさん》で隠遁《いんとん》するか選《えら》べ
一《いっ》戦
or
隠遁《いんとん》
と一応《いちおう》復帰《ふっき》のチャンスは与《あた》えている
佐久間《さくま》父子《ふし》は高野山《こうやさん》での隠遁《いんとん》を選《えら》んだ
…そうか
なぜそれが「恥《はじ》」なのか
だれに対《たい》して汚名返上《おめいへんじょう》せねばならないのか
もはや彼《かれ》らには理解《りかい》できなかったのかもしれない
通説《つうせつ》では佐久間《さくま》は息子《むすこ》とともに高野山《こうやさん》で出家《しゅっけ》
さらに単身《たんしん》熊野《くまの》の山奥《やまおく》に落《お》ち延《の》び
翌年《よくねん》7月《がつ》に十津川《とつがわ》で死《し》んだ
…とされるが
最近《さいきん》の研究《けんきゅう》では同時代《どうじだい》の日記《にっき》などから
そのまま高野山《こうやさん》で余生《よせい》を送《おく》ったとも言《い》われている

一見《いっけん》すると信長《のぶなが》の冷徹《れいてつ》さが際立《きわだ》つ話《はなし》のようだが
実《じつ》は家臣《かしん》たちの処遇《しょぐう》に細心《さいしん》の注意《ちゅうい》を払《はら》ったがゆえの
苦渋《くじゅう》の決断《けつだん》であった
わが社《しゃ》も信長《のぶなが》のようにどんどんリストラしよう
でも実際《じっさい》の信長《のぶなが》は部下最優先《ぶかさいゆうせん》でしたよ
信長流ビジネス本
ただこの信長《のぶなが》の処断《しょだん》が
当時同《とうじおな》じように広大《こうだい》な所領《しょりょう》を持《も》ちながら
大《たい》した功績《こうせき》をあげられないでいた
一人《ひとり》の老人《ろうじん》を不安《ふあん》に陥《おとしい》れたといわれている
古参《こさん》の佐久間殿《さくまどの》さえあんなにあっけなく失脚《しっきゃく》させられる
家臣《かしん》として利用価値《りようかち》がなくなったらあとは潰《つぶ》されるだけ…
惟任《これとう》（明智《あけち》）光秀《みつひで》
信長《のぶなが》が旧臣《きゅうしん》を更迭《こうてつ》したのは
外聞《がいぶん》を重視《じゅうし》して天下人《てんかびと》になった彼《かれ》ならば当然《とうぜん》の決断《けつだん》であったが
同時《どうじ》に彼《かれ》の破滅《はめつ》へのきっかけとなった
小牧山城址《こまきやまじょうし》——
信長《のぶなが》が初《はじ》めて作《つく》った自分《じぶん》の城《しろ》と城下町《じょうかまち》である

写真協力：れきしるこまき

※秀吉の生年は諸説あるが、天文6年説が有力である

当時《とうじ》似《に》たような恰好《かっこう》でうつけと呼《よ》ばれていた信長《のぶなが》に気《き》に入《い》られ
小姓《こしょう》として仕《つか》えることになったという
犬千代《いぬちよ》15歳《さい》 信長《のぶなが》18歳《さい》
タタタ…
当時《とうじ》の信長陣営《のぶながじんえい》には
ワーワー
秀吉《ひでよし》や佐々成政《さっさなりまさ》など有能《ゆうのう》な若者《わかもの》たちがいた
皆《みな》わしと同年代《どうねんだい》なのに出世《しゅっせ》のため日々《ひび》努力《どりょく》している
こんな世界《せかい》があるのだなあ
やがて元服《げんぷく》して利家《としいえ》と名《な》乗り小姓《こしょう》から馬廻《うままわ》りになると
彼《かれ》もまた次々《つぎつぎ》と手柄《てがら》を立《た》てていった
ワーワー

信長《のぶなが》は
馬廻《うままわり》や小姓《こしょう》から
優《すぐ》れた者《もの》を選《えら》び
黒母衣衆《くろほろしゅう》・
赤母衣衆《あかほろしゅう》を
組織《そしき》したが
利家《としいえ》は赤母衣衆《あかほろしゅう》の
初代筆頭《しょだいひっとう》となった
永禄元《えいろくがん》（1558）年《ねん》
10歳年下《さいとしした》の
松《まつ》と結婚《けっこん》する
やがて
長女《ちょうじょ》も生《う》まれ
利家《としいえ》は順調《じゅんちょう》に
出世《しゅっせ》コースを
歩《あゆ》んでいた
しかし
ズバーアッ
永禄《えいろく》2（1559）年《ねん》
利家《としいえ》は私怨《しえん》から
信長《のぶなが》の家臣《かしん》
拾阿弥《じゅうあみ》を殺害《さつがい》し
そのまま
逃亡《とうぼう》した
！

勝家《かついえ》のとりなしにもかかわらず
利家《としいえ》は信長《のぶなが》の怒《いか》りを買《か》って勘当《かんどう》され
以後《いご》2年間《ねんかん》無禄《むろく》の生活《せいかつ》を送《おく》る
利家《としいえ》は何《なん》とか織田家《おだけ》に再仕官《さいしかん》しようとしたが
信長《のぶなが》は彼《かれ》の帰参《きさん》を許《ゆる》さなかった
浪人《ろうにん》して金《かね》に困《こま》っていると知《し》るや
今《いま》まで多《おお》くいた友人《ゆうじん》たちも離《はな》れていった
すまぬ松《まつ》…
拾阿弥《じゅうあみ》を斬《き》って自分《じぶん》の正義感《せいぎかん》は満《み》たされた
だがそのことで周囲《しゅうい》や妻《つま》にも迷惑《めいわく》をかけ
生《う》まれた子供《こども》に何《なに》も買《か》ってやれない父親《ちちおや》になってしまった

守《まも》るべき者《もの》を守《まも》ることこそ正義《せいぎ》ではないか
己《おの》が正《ただ》しさを押《お》し通《とお》すのはただの自己満足《じこまんぞく》
ヒソ ヒソ
俺《おれ》は無責任《むせきにん》だった…
ふむ…そろそろ潮時《しおどき》か
永禄《えいろく》4（1561）年《ねん》
利家《としいえ》の戦功《せんこう》によって信長《のぶなが》の勘気《かんき》が解《と》けた
それればかりか300貫《かん》加増《かぞう》され450貫《かん》となったのである
感激《かんげき》した利家《としいえ》はこれまで以上《いじょう》に手柄《てがら》を立《た》てていった
ワー ワー
永禄《えいろく》12（1569）年《ねん》
信長《のぶなが》から利家《としいえ》の兄《あに》に
前田家《まえだけ》の家督《かとく》を利家《としいえ》に譲《ゆず》るよう命令《めいれい》が下《くだ》り
利家《としいえ》は前田家《まえだけ》を率《ひき》いる立場《たちば》になった
兄上《あにうえ》…前田《まえだ》の家《いえ》はおれが必《かなら》ず守《まも》ります
誓《ちか》って一族郎党《いちぞくろうとう》を路頭《ろとう》に迷《まよ》わすことはしません

※前田利家・佐々成政・不破光治の３人。「三人衆」が連名で文書を出していたのは最初の１年くらいだった。

わしは親父殿《おやじどの》の配下《はいか》（与力《よりき》）
柴田軍《しばたぐん》につくのが当然《とうぜん》だ
若《わか》い頃《ころ》から恩義《おんぎ》もある
長年《ながねん》北陸《ほくりく》で一緒《いっしょ》に戦《たたか》ってきたしつながりも深《ふか》い
だがこのまま一緒《いっしょ》に戦《たたか》い続《つづ》ければ
秀吉《ひでよし》によって間違《まちが》いなくわが前田《まえだ》家《け》は共倒《ともだお》れだろう
天正《てんしょう》11（1583）年《ねん》賤ケ岳《しずがたけ》の合戦《かっせん》
秀吉《ひでよし》は勝家《かついえ》に大勝《たいしょう》した
ここで一《ひと》つ利家《としいえ》に大《おお》きな謎《なぞ》がある
この時《とき》利家《としいえ》は勝家《かついえ》の与力《よりき》として戦《たたか》いに参加《さんか》していた
つまり秀吉《ひでよし》と戦《たたか》って敗《やぶ》れたはずである
だが戦《たたか》いの後《あと》
ばっ…
利家《としいえ》は秀吉《ひでよし》から
金沢城《かなざわじょう》と加賀国《かがのくに》の北《きた》2郡《ぐん》（河北郡《かほくぐん》・石川郡《いしかわぐん》）を与《あた》えられている

この戦《いくさ》での利家《としいえ》の行動《こうどう》はほとんど記録《きろく》に残《のこ》っていないので
江戸時代《えどじだい》から
利家《としいえ》は合戦《かっせん》で上司《じょうし》の勝家《かついえ》を裏切《うらぎ》ったんじゃないか
だから勝家《かついえ》は負《ま》けたんだ
と言《い》われ様々《さまざま》な説《せつ》が言《い》われてきた
だが賤ケ岳《しずがたけ》からの退却戦《たいきゃくせん》で
秀吉軍《ひでよしぐん》によって利家《としいえ》の家臣《かしん》たちも多《おお》く死《し》んでおり
利家《としいえ》は秀吉《ひでよし》と事前《じぜん》に内通《ないつう》してはいなかったと考《かんが》えられる
ではなぜ利家《としいえ》は処罰《しょばつ》されなかったのか
実《じつ》はそれ以前《いぜん》
秀吉《ひでよし》は利家《としいえ》の四女《よんじょ》豪姫《ごうひめ》を養女《ようじょ》にもらっており
豪姫
秀吉《ひでよし》はこのころ彼女《かのじょ》を中国地方《ちゅうごくちほう》の同盟者《どうめいしゃ》である宇喜多家《うきたけ》に嫁《とつ》がせていた
それについて近年《きんねん》新《あら》たな説《せつ》が出《で》ている
う〜ん
利家《としいえ》は豪姫《ごうひめ》の実父《じっぷ》
その利家《としいえ》を処罰《しょばつ》したら豪姫《ごうひめ》の嫁《とつ》ぎ先《さき》の宇喜多《うきた》が機嫌《きげん》を損《そこ》ねるかもしれん
うちの当主《とうしゅ》の義父上《ちちうえ》に何をするかーーッ!

宇喜多《うきた》は毛利《もうり》を抑《おさ》えるための重要《じゅうよう》な味方《みかた》である
宇喜多《うきた》
毛利《もうり》
秀吉《ひでよし》
宇喜多《うきた》が毛利《もうり》に寝返《ねがえ》ることを阻止《そし》するため
前田《まえだ》を粗略《そりゃく》にできなかったのではないか…という説《せつ》である
おそらく利家《としいえ》も前田家《まえだけ》の生《い》き残《のこ》りのため合戦《かっせん》で敗退《はいたい》してからは
この道《みち》が近道《ちかみち》です
秀吉《ひでよし》の北陸平定《ほくりくへいてい》に積極的《せっきょくてき》に協力《きょうりょく》したと考《かんが》えられている
かくして4月《がつ》24日《か》勝家自刃《かついえじじん》
北庄《きたのしょう》攻《ぜ》めの先鋒《せんぽう》となったのは利家《としいえ》であった
勝家殿《かついえどの》…許《ゆる》されよ
わしは守《まも》るべきものを守《まも》る
こうして利家《としいえ》は前田家《まえだけ》を残《のこ》すことに成功《せいこう》し
秀吉《ひでよし》の配下《はいか》としてあらたなスタートを切《き》ったのである

秀吉《ひでよし》が天下《てんか》を取《と》ると
利家《としいえ》は豊臣政権《とよとみせいけん》の大老《たいろう》に大抜擢《だいばってき》された
これは利家《としいえ》の三女《さんじょ》が秀吉《ひでよし》の側室《そくしつ》で
利家《としいえ》が秀吉《ひでよし》の「親族大名《しんぞくだいみょう》」だったことが大《おお》きい
三女《さんじょ》・麻阿《まあ》
なお これまでは
秀吉《ひでよし》が利家《としいえ》を大老《たいろう》にしたのは
大大名《だいだいみょう》の徳川家康《とくがわいえやす》の力《ちから》を抑《おさ》えるためだと言《い》われてきた
これまでの通《つう》説《せつ》
しかし最近《さいきん》の研究《けんきゅう》では
利家《としいえ》と家康《いえやす》は協力《きょうりょく》こそすれ
互《たが》いに対立《たいりつ》してはいなかったことが分《わ》かっている
家康《いえやす》もまた秀吉《ひでよし》の「親族大名《しんぞくだいみょう》」（秀吉《ひでよし》の妹婿《いもうとむこ》）であり
秀吉《ひでよし》は彼《かれ》を厚《あつ》く信頼《しんらい》し
自分《じぶん》の補佐役《ほさやく》を任《まか》せていたのである

徳川殿《とくがわどの》だけでは業務《ぎょうむ》も大変《たいへん》だ
弟《おとうと》の秀長《ひでなが》は死《し》んでしまったし
政権《せいけん》を安定《あんてい》させるためにも
もう一人《ひとり》補佐役《ほさやく》がほしい
こうして家康《いえやす》と利家《としいえ》による二大老制《にたいろうせい》ができたのである
二人《ふたり》は秀吉《ひでよし》の補佐役《ほさやく》として豊臣政権《とよとみせいけん》の安定《あんてい》に努《つと》め
朝鮮出兵《ちょうせんしゅっぺい》の時《とき》には渡海《とかい》しようとする秀吉《ひでよし》を涙《なみだ》ながらに押《お》しとどめ
秀吉《ひでよし》も大坂《おおさか》に帰《かえ》るときは名護屋《なごや》の留守《るす》を彼《かれ》らに任《まか》せた
両者《りょうしゃ》はひんぱんに互《たが》いの家《いえ》を訪《おとず》れる親《した》しい間柄《あいだがら》であり
利家《としいえ》は大坂《おおさか》にいる家康《いえやす》の息子《むすこ》の面倒《めんどう》を見《み》てやったりもした
二人《ふたり》は秀吉死後《ひでよししご》も豊臣政権《とよとみせいけん》の運営《うんえい》と秩序《ちつじょ》の維持《いじ》に尽力《じんりょく》する

守《まも》るべきものを守《まも》ることこそ正義《せいぎ》である
それには政権《せいけん》の安定《あんてい》こそが不可欠《ふかけつ》！
これまで多《おお》くの者《もの》の生命《いのち》を預《あず》かり戦乱《せんらん》の世《よ》を生《い》き抜《ぬ》いた者同士《ものどうし》
その気持《きも》ちは同《おな》じであった
秀吉《ひでよし》の死去《しきょ》のわずか9か月後《げつご》力尽《ちからつ》きたように利家《としいえ》も他界《たかい》する
前田《まえだ》の家《いえ》のため一族《いちぞく》・家臣《かしん》を守《まも》るため戦《たたか》った前田利家《まえだとしいえ》
守《まも》るべき者《もの》を守《まも》ることこそが正義《せいぎ》——
それはやがて
天下《てんか》を守《まも》る志《こころざし》となり
名実《めいじつ》ともに前田家《まえだけ》を大大名《だいだいみょう》に押《お》し上《あ》げたのだった
『金沢城《かなざわじょう》』
加賀藩前田家《かがはんまえだけ》の城《しろ》
前田家《まえだけ》は利家《としいえ》の息子利長《むすことしなが》の代《だい》に加能越三《かのうえつさん》か国《こく》
ほぼ全域《ぜんいき》を支配《しはい》。百万石以上《ひゃくまんごくいじょう》の大大名《だいだいみょう》になる。

その昔《むかし》
尾張《おわり》にこんな
小唄《こうた》があったという
木綿藤吉《もめんとうきち》
米五郎左《こめごろうざ》
掛《かか》かれ柴田《しばた》に
退《の》き佐久間《さくま》
木綿《もめん》は粗末《そまつ》だが
使《つか》い勝手《がって》がよく
米《こめ》はなくては
ならぬ大切《たいせつ》なもの
掛《かか》かれは戦上手《いくさじょうず》
退《の》きは戦《いくさ》で上手《じょうず》に
撤退《てったい》する者《もの》…と
信長《のぶなが》の重臣《じゅうしん》4人《にん》の
特徴《とくちょう》を言《い》い表《あらわ》した
ものである
『藤吉《とうきち》』は
言《い》うまでもなく
藤吉郎秀吉《とうきちろうひでよし》
そして
『五郎左《ごろうざ》』が
今回《こんかい》の主人公《しゅじんこう》
丹羽五郎左衛門尉《にわごろうざえもんのじょう》
長秀《ながひで》である
第六章
丹羽長秀

秀吉《ひでよし》が木下《きのした》から改姓《かいせい》し「羽柴《はしば》」としたのは
丹羽
柴田
柴田勝家《しばたかついえ》と丹羽長秀《にわながひで》の二人《ふたり》の重臣《じゅうしん》にあやかったものだといわれ
宣教師《せんきょうし》フロイスは長秀《ながひで》を
いとも裕福《ゆうふく》で信長《のぶなが》が最《もっと》も寵愛《ちょうあい》した家臣《かしん》の一人《ひとり》
と評《ひょう》している
このような逸話《いつわ》からも分《わ》かるように
長秀《ながひで》は織田家臣団《おだかしんだん》でもトップクラスの重臣《じゅうしん》だった
だがその人物像《じんぶつぞう》が分《わ》かる史料《しりょう》は
意外《いがい》なほど残《のこ》っていない
丹羽長秀《にわながひで》は天文《てんぶん》4（1535）年《ねん》尾張国愛知郡《おわりのくにあいちぐん》※児玉村《こだまむら》に生《う》まれた
幼名《ようみょう》は万千代《まんちよ》
※現在は名古屋市西区
その祖父《そふ》や父《ちち》は尾張《おわり》の守護《しゅご》斯波氏《しばし》の家臣《かしん》だったとも
国衆《くにしゅう》の水野氏《みずのし》に仕《つか》えていたともいわれる
やがて主君《しゅくん》を織田氏《おだし》に替《か》え
天文《てんぶん》18（1549）年《ねん》万千代《まんちよ》15歳《さい》の時《とき》16歳《さい》の信長《のぶなが》に仕《つか》える

小姓《こしょう》としては前田利家《まえだとしいえ》の先輩格《せんぱいかく》になるが
赤母衣《あかほろ》にも黒母衣衆《くろほろしゅう》にも選《えら》ばれていない
?
キャー
武芸《ぶげい》に秀《ひい》でたタイプではなかったらしい
丹羽五郎左衛門《にわごろうざえもん》長秀《ながひで》
元服《げんぷく》して五郎左衛門尉《ごろうざえもんのじょう》長秀《ながひで》と名乗《なの》り
数々《かずかず》の戦《いくさ》に参加《さんか》また行政《ぎょうせい》も行《おこな》う
信長《のぶなが》の犬山《いぬやま》・美濃《みの》攻略《こうりゃく》において手柄《てがら》を立《た》て
家老《かろう》の地位《ちい》を獲得《かくとく》
永禄《えいろく》11（1568）年《ねん》信長《のぶなが》の上洛戦《じょうらくせん》に従《したが》い
以後《いご》指揮官《しきかん》としても活躍《かつやく》するようになる
長秀《ながひで》が特《とく》に能力《のうりょく》を発揮《はっき》したのは行政《ぎょうせい》であった
信長上洛後《のぶながじょうらくご》織田家臣《おだかしん》は京都《きょうと》の行政《ぎょうせい》にもたずさわる
基本《きほん》は4~5人《にん》でチームを組《く》んで文書《もんじょ》の発給《はっきゅう》を行《おこな》ったが
長秀《ながひで》の場合《ばあい》は連名《れんめい》ではなく一人《ひとり》で署名《しょめい》した文書《もんじょ》が多《おお》い
単独《たんどく》でも仕事《しごと》をきっちりとこなし信長《のぶなが》から信頼《しんらい》されていたのだった

きっちり仕事《しごと》を
こなす長秀《ながひで》ゆえに
汚《よご》れ仕事《しごと》も任《まか》された
高宮右京亮《たかみやうきょうのすけ》を
佐和山《さわやま》に誘殺《ゆうさつ》
朝倉義景《あさくらよしかげ》の母《はは》と
嫡男《ちゃくなん》の殺害《さつがい》
荒木村重《あらきむらしげ》の
家臣《かしん》の妻子《さいし》の
徴収《ちょうしゅう》や
越中《えっちゅう》の石黒成親《いしぐろなりちか》
誅殺《ちゅうさつ》などを行《おこな》う
天正元《てんしょうがん》（1574）年《ねん》
朝倉氏滅亡後《あさくらしめつぼうご》
今回《こんかい》の争乱《そうらん》の
発端《ほったん》となった
若狭国《わかさのくに》の支配《しはい》を
任《まか》せられる
若狭《わかさ》
元々の支配者
守護の
若狭武田氏
長秀《ながひで》に任《まか》せれば
きっちりやって
くれるだろう
天正《てんしょう》3（1575）年《ねん》
信長《のぶなが》は家臣《かしん》に
姓《せい》や※官途《かんと》を与《あた》える
※朝廷からの
正式な任官ではなく
信長が個人的に与えた
『呼び名』だったという
信長《のぶなが》は特《とく》に
気《き》に入《い》っている
二人《ふたり》の能吏《のうり》
明智光秀《あけちみつひで》と
丹羽長秀《にわながひで》に
『惟任《これとう》』『惟住《これずみ》』という
九州《きゅうしゅう》の名族《めいぞく》の
姓《せい》を与《あた》えた
惟任《これとう》
惟住《これずみ》
以後《いご》丹羽長秀《にわながひで》は
惟住長秀《これずみながひで》と
名乗《なの》る
惟住長秀《これずみながひで》

天正《てんしょう》4（1576）年《ねん》
長秀《ながひで》に大《おお》きな仕事《しごと》が
命《めい》じられた
安土城築城《あづちじょうちくじょう》の
総奉行《そうぶぎょう》である
城作《しろづく》りは当時《とうじ》の
一大《いちだい》プロジェクト
である
全山《ぜんざん》を石垣《いしがき》で
覆《おお》うための
大量《たいりょう》の石材《せきざい》の
調達《ちょうたつ》と
それを短期間《たんきかん》で
切《き》り出《だ》し・運《はこ》び
石積《いしづ》みする
大勢《おおぜい》の技術者《ぎじゅつしゃ》と
人夫《にんぷ》の確保《かくほ》
瓦《かわら》を造《つく》る
職人《しょくにん》の動員《どういん》
材料《ざいりょう》の調達《ちょうたつ》
管理《かんり》…
その責任者《せきにんしゃ》を
まとめる能力《のうりょく》など
多《おお》くの実務能力《じつむのうりょく》が
総奉行《そうぶぎょう》には求《もと》められた
しかも
その全《すべ》てが
信長《のぶなが》の軍事力《ぐんじりょく》
（人員《じんいん》、資材《しざい》の
動員力《どういんりょく》）を
敵《てき》や世間《せけん》に示《しめ》す
ことにもなるので
まさに
失敗《しっぱい》できない
事業《じぎょう》であった
だがここに
米五郎左《こめごろうざ》の
本領《ほんりょう》が発揮《はっき》された
何《なん》と長秀《ながひで》は年内《ねんない》に
それを成《な》し遂《と》げ
信長《のぶなが》から
秘蔵《ひぞう》の珠光茶碗《じゅこうちゃわん》
市絵《いちのえ》を
拝領《はいりょう》したのだった

信長《のぶなが》は
ここぞという失敗《しっぱい》のできない仕事《しごと》の時《とき》に長秀《ながひで》を使《つか》った
公家《くげ》や朝廷《ちょうてい》相手《あいて》の交渉《こうしょう》大船《おおぶね》や城《しろ》など建造物《けんぞうぶつ》の普請《ふしん》
安土城下《あづちじょうか》の宅地造営《たくちぞうえい》まで
こと行政《ぎょうせい》・実務《じつむ》に関《かん》しては
長秀《ながひで》は他《ほか》の宿老《しゅくろう》たちより
ずっと活躍《かつやく》している
しかし
軍事指揮官《ぐんじしきかん》としては
彼《かれ》らに大《おお》きく水《みず》を開《あ》けられるようになっていた
ほぼすべての信長《のぶなが》の戦《いくさ》に出《で》ている長秀《ながひで》だが
必《かなら》ず誰《だれ》かの助《すけ》っ人《と》（遊撃軍《ゆうげきぐん》）として従軍《じゅうぐん》しており
生涯《しょうがい》を通《つう》じて単独《たんどく》で一軍《いちぐん》を率《ひき》いて戦《たたか》ったことはなかった
命《めい》じられた仕事《しごと》をきっちりこなすのは得意《とくい》でも
自分《じぶん》の頭《あたま》で戦略《せんりゃく》を練《ね》り
作戦《さくせん》を立案《りつあん》・実行《じっこう》するのは不得手《ふえて》だと
きっちり!
信長《のぶなが》は判断《はんだん》したのかもしれない

織田家中《おだかちゅう》で勝家《かついえ》や佐久間《さくま》と肩《かた》を並《なら》べたのは過去《かこ》の話《はなし》
今《いま》や数《すう》か国《こく》を支配《しはい》する彼《かれ》らに対《たい》し
長秀《ながひで》の所領《しょりょう》は若狭一国《わかさいっこく》のままだった
ご馳走《ちそう》ではないが日々《ひび》の暮《く》らしになくてはならぬ米五郎左《こめごろうざ》…
わしはわしのやり方《かた》で上様《うえさま》にお仕《つか》えするさ
だが信長《のぶなが》は長秀《ながひで》を忘《わす》れてはいなかった
天正《てんしょう》9（1581）年《ねん》京都《きょうと》にて馬揃《うまぞろ》え（パレード）を行《おこな》ったとき――
その晴《は》れの舞台《ぶたい》に信長《のぶなが》は
ザワ…
行列《ぎょうれつ》の先頭《せんとう》…あれは誰《だれ》だ
行列《ぎょうれつ》の先頭《せんとう》に勝家《かついえ》でもなく光秀《みつひで》でもなく
おおあれは…
米五郎左《こめごろうざ》だ
ワアアア
長秀《ながひで》とその配下《はいか》の若狭衆《わかさしゅう》を選《えら》んだ
米五郎左《こめごろうざ》さまだ！

ごくろーさんじゃ
休暇
また天正《てんしょう》10（1582）年《ねん》武田氏滅亡《たけだしめつぼう》の後《あと》
信長《のぶなが》は長秀《ながひで》に草津《くさつ》での湯治《とうじ》の許可《きょか》を特別《とくべつ》に与《あた》えた
信長《のぶなが》は信長《のぶなが》なりのやり方《かた》で
彼《かれ》の長年《ながねん》の労苦《ろうく》に報《むく》いていたのである
しかし
天正《てんしょう》10（1582）年《ねん》本能寺《ほんのうじ》の変《へん》
長秀《ながひで》はこの時《とき》四国征伐《しこくせいばつ》の一将《いっしょう》として出陣《しゅつじん》するため京都《きょうと》にほど近《ちか》い堺《さかい》にいた
上様《うえさま》…お許《ゆる》しを
五郎左《ごろうざ》がこんなに近《ちか》くにいながら何《なに》もできなかったとは…！
長秀《ながひで》は中国地方《ちゅうごくちほう》から戻《もど》った秀吉《ひでよし》と合流《ごうりゅう》
信長《のぶなが》の三男信孝《さんなんのぶたか》を総大将《そうだいしょう》に押《お》し立《た》て
山崎《やまざき》の戦《たたか》いで光秀《みつひで》を破《やぶ》ることに成功《せいこう》した

だがその後《ご》
織田政権内部《おだせいけんないぶ》は分裂《ぶんれつ》する
これではいかん…!
上様《うえさま》が一生《いっしょう》をかけて成《な》し遂《と》げられた天下静謐《てんかせいひつ》が水《みず》の泡《あわ》になってしまう
わしにしかできぬことがあるはず
出《で》しゃばらず目立《めだ》たないが日々《ひび》の暮《く》らしになくてはならぬ
『米五郎左《こめごろうざ》』にしかできぬことが…
長秀《ながひで》の選択《せんたく》は
秀吉《ひでよし》の側《がわ》につきながらも
二人《ふたり》の仲《なか》を何《なん》とかしてもとに戻《もど》す事《こと》だった

長秀《ながひで》は秀吉《ひでよし》と頻繁《ひんぱん》に連絡《れんらく》を取《と》り合《あ》い
秀吉《ひでよし》・勝家《かついえ》両者《りょうしゃ》の調整役《ちょうせいやく》として東奔西走《とうほんせいそう》した
その姿《すがた》から
長秀《ながひで》を秀吉《ひでよし》の家来《けらい》と同列《どうれつ》に見《み》る大名《だいみょう》もいたが
言《い》いたい奴《やつ》には言《い》わせておけ
織田家《おだけ》の方々《かたがた》が政権《せいけん》を握《にぎ》るのはもはや無理《むり》かもしれないが
何《なん》とか穏便《おんびん》に秀吉《ひでよし》のもとで安定《あんてい》した世《よ》に移行《いこう》できぬものか…！
長秀《ながひで》は秀吉《ひでよし》の家臣《かしん》になったわけではなかった
信長《のぶなが》の葬儀《そうぎ》を秀吉《ひでよし》が勝手《かって》に執《と》り行《おこな》った時《とき》には
それに賛同《さんどう》しない意思表示《いしひょうじ》として
長秀《ながひで》は参列《さんれつ》せず家臣三人《かしんさんにん》だけをよこした
だが状況《じょうきょう》は悪化《あっか》する一方《いっぽう》だった
秀吉《ひでよし》は信長《のぶなが》の側室《そくしつ》で信孝《のぶたか》の母坂氏《ははさかし》を磔《はりつけ》にし
後《のち》には信孝《のぶたか》を捕《と》らえ自刃《じじん》に追《お》い込《こ》んだ

そしてさらに
天正《てんしょう》11（1583）年《ねん》
柴田勝家《しばたかついえ》が自刃《じじん》――
長秀《ながひで》の努力《どりょく》はむなしいものに終《お》わった
一方《いっぽう》で勝家《かついえ》の所領《しょりょう》のうち越前一国《えちぜんいっこく》と加賀《かが》の能美《のみ》・江沼《えぬま》の2郡《ぐん》が長秀《ながひで》に与《あた》えられ
彼《かれ》は百二十三万石《ひゃくにじゅうさんまんごく》の大大名《だいだいみょう》になった
天正《てんしょう》12（1584）年《ねん》
長秀《ながひで》は通称《つうしょう》を長年使《ながねんつか》っていた五郎左衛門尉《ごろうざえもんのじょう》から『越前守《えちぜんのかみ》』に改《あらた》める
越前守
…わしはもう「米五郎左《こめごろうざ》」の名《な》は名乗《なの》れぬ
何《なに》でもきっちりこなしてきたわしが
謀反《むほん》から殿《との》をお救《すく》いすることもできず
柴田《しばた》も信孝様《のぶたかさま》も結局守《けっきょくまも》ってやれなかった

それから一年《いちねん》もたたずに長秀《ながひで》は死《し》んだ
病《やまい》の苦《くる》しみに耐《た》えられず「自死《じし》」を選《えら》んだのではないかといわれている
享年《きょうねん》51
長秀《ながひで》の死後《しご》息子《むすこ》の長重《ながしげ》が跡《あと》を継《つ》いだが
オロオロ…
家中《かちゅう》の分裂《ぶんれつ》・対立《たいりつ》を上手《うま》く治《おさ》めることができなかった
秀吉《ひでよし》は惟住家《これずみけ》の維持《いじ》に努《つと》めてはいたが減封《げんぽう》せざるを得《え》ず
家康《いえやす》によってとうとう所領《しょりょう》を没収《ぼっしゅう》
流浪《るろう》の身《み》となった
徳川幕府成立後《とくがわばくふせいりつご》再《ふたた》び一万石《いちまんごく》の大名《だいみょう》として復帰《ふっき》
幕末《ばくまつ》まで大名《だいみょう》として続《つづ》く
一度《いちど》家《いえ》が滅《ほろ》んだためか長秀《ながひで》の遺品《いひん》は散逸《さんいつ》し
彼《かれ》の人《ひと》となりを知《し》ることができるのは2点《てん》の肖像画《しょうぞうが》と
おびただしい行政文書《ぎょうせいもんじょ》のみであるという
（第六章　丹羽長秀　おわり）

この男《おとこ》には二種類《にしゅるい》の生《お》い立《た》ちがある——
生《お》い立《た》ちその①
幼《おさな》い頃《ころ》より鉄砲《てっぽう》の英才教育《えいさいきょういく》を受《う》けたが
ゆえあって故郷《こきょう》を追《お》われ※
※一族を殺したためと書いてある本もある
諸国《しょこく》を遍歴《へんれき》し勇名《ゆうめい》を馳《は》せ
信長《のぶなが》に仕《つか》えたという説《せつ》
なんかかっこいい
生《お》い立《た》ちその②
それなりに由緒《ゆいしょ》のある家《いえ》に生《う》まれたが
でてけ
博打《ばくち》が大好《だいす》きで一族《いちぞく》から勘当《かんどう》
幸《さいわ》い芸達者《げいたっしゃ》だったので
書《しょ》や小鼓《こづづみ》・謡《うた》い・茶《ちゃ》の湯《ゆ》などを人《ひと》に教《おし》えて暮《く》らしていた※
※この説は水戸黄門の助さんのモデル佐々宗淳の父親がその武将の親族から聞いた話だという
そのうち信長《のぶなが》の武勇《ぶゆう》を聞《き》き
あそこなら立身出世《りっしんしゅっせ》できるかも
と思《おも》い仕《つか》えたという説《せつ》
えっ…
チャラいなあ……
…どちらが本当《ほんとう》なのか今《いま》となっては知《し》る術《すべ》もないが
ともかく『彼《かれ》』はかなり早《はや》い時期《じき》から信長《のぶなが》に仕《つか》えていた

『彼《かれ》』こそが
今回《こんかい》の主人公《しゅじんこう》
滝川一益《たきがわかずます》
織田家中《おだかちゅう》で
最《もっと》も激《はげ》しい
天国《てんごく》と地獄《じごく》を
味《あじ》わった男《おとこ》である
第七章
滝川一益
一益《かずます》は
大永《だいえい》5（1525）
年《ねん》に生《う》まれた
信長《のぶなが》より
9歳年長《さいねんちょう》である
出身地《しゅっしんち》が
近江国甲賀郡《おうみのくにこうかぐん》と
いうことから
忍者出身《にんじゃしゅっしん》だと
されることも
あるが
もちろん
確証《かくしょう》はない
ゲーム
マンガ
小説《しょうせつ》
彼《かれ》の名前《なまえ》が
初《はじ》めて登場《とうじょう》
するのは
まだ桶狭間《おけはざま》の
合戦《かっせん》の前《まえ》の頃《ころ》
（※天文年間《てんぶんねんかん》）で
※1532～55年
信長主従《のぶながしゅじゅう》による
盆踊《ぼんおど》りで
餓鬼《がき》の仮装《かそう》をして
踊《おど》っていたという
女装《じょそう》した
信長《のぶなが》

彼《かれ》の最初《さいしょ》の活躍《かつやく》の舞台《ぶたい》は北伊勢《きたいせ》であった
ワーーッ
永禄《えいろく》10（1567）年《ねん》信長《のぶなが》の北伊勢《きたいせ》出兵《しゅっぺい》で活躍《かつやく》
この時《とき》すでに43歳《さい》
翌々年《よくよくねん》伊勢《いせ》の北畠氏《きたばたけし》の大河内城《おかわちじょう》を包囲《ほうい》
信長《のぶなが》の次男《じなん》茶筅《ちゃせん》（後《のち》の信雄《のぶかつ》）を
北畠《きたばたけ》の養子《ようし》として迎《むか》えることを承知《しょうち》させた
一益《かずます》は伊勢《いせ》の安濃津《あのうつ》・渋見《しぶみ》・木造《こつくり》の三城《さんじょう》を預《あず》けられ
渋見
安濃津
木造
大河内
伊勢神宮
幼《おさな》い信雄《のぶかつ》の代理《だいり》として活動《かつどう》したという
元亀《げんき》4（1573）年《ねん》信長《のぶなが》と関係《かんけい》が悪化《あっか》した足利義昭《あしかがよしあき》との交渉《こうしょう》で
主《おも》だった重臣《じゅうしん》の一人《ひとり》として名《な》を連《つら》ねており
すでに織田家《おだけ》の宿老《しゅくろう》と内外《ないがい》に認識《にんしき》されている

※他の武将はこの時点でせいぜい2～3郡しかあたえられていなかった（例外として摂津国の荒木がある）

こうして一益《かずます》は
自領《じりょう》の北伊勢《きたいせ》
5郡《ぐん》のほかに
志摩《しま》・伊賀《いが》・
近江甲賀《おうみこうか》・大和北部《やまとほくぶ》
にわたる
伊勢湾地域《いせわんちいき》
一帯《いったい》の統治《とうち》に
携《たずさ》わったのである
軍事《ぐんじ》、外交《がいこう》、行政《ぎょうせい》…
とにかく彼《かれ》は
オールマイティに
なんでもできた
つけられたあだ名《な》が
「退《ひ》くも滝川《たきがわ》
進《すす》むも滝川《たきがわ》」
そんな一益《かずます》を
信長《のぶなが》も大切《たいせつ》にし
ある戦《いくさ》では
一益《かずます》は
長秀《ながひで》とともに
信長《のぶなが》から
馬《うま》や鷹《たか》を拝領《はいりょう》
さらに
陣中見舞《じんちゅうみま》いまで
受《う》けている
ここまででも
十分優《じゅうぶんすぐ》れた働《はたら》きを
している一益《かずます》だが
彼《かれ》の人生《じんせい》には
さらに大《おお》きな
飛躍《ひやく》が待《ま》っていた
フウ…

天正《てんしょう》10（1582）年《ねん》
織田軍《おだぐん》による
武田領侵攻《たけだりょうしんこう》が始《はじ》まる
一益《かずます》は同僚《どうりょう》の
河尻秀隆《かわじりひでたか》
とともに
総大将信忠《そうだいしょうのぶただ》の
補佐役《ほさやく》として
参陣《さんじん》した
上様《うえさま》も殿様《とのさま》（信忠《のぶただ》）に
仕事《しごと》をお任《まか》せに
なっている
器用《きよう》さが災《わざわ》いして
わしもついつい
働《はたら》きすぎて
しまったが
もう十分《じゅうぶん》に
富《とみ》も名声《めいせい》も
手《て》に入《い》れた
このお勤《つと》めが
終《お》わったら
隠居《いんきょ》して
のんびり
若《わか》い頃《ころ》のように
趣味三昧《しゅみざんまい》に
暮《く》らそう…
そして
あっけなく
武田《たけだ》は崩壊《ほうかい》し
ドドド…
何《なん》と
一益軍《かずますぐん》は
武田勝頼《たけだかつより》の首級《しるし》を
あげるという
大手柄《おおてがら》を立《た》てた
のだった
エイ エイ オーッ
その功績《こうせき》により
一益《かずます》は上野一国《こうずけいっこく》と
信濃佐久《しなのさく》・小県《ちいさがた》の
2郡《ぐん》を与《あた》えられた
それはかり
ではない
また
働《はたら》きすぎた…

彼《かれ》には大名《だいみょう》・国衆《くにしゅう》を統《す》べる
「東国警固《とうごくけいご》」の
大役《たいやく》が命《めい》ぜられた
実《じつ》は一益《かずます》は最初《さいしょ》
この任務《にんむ》に
乗《の》り気《き》ではなく
友人《ゆうじん》に
宛《あ》てて
『東国警固《とうごくけいご》』なんて
地獄《じごく》に落《お》ちた
気分《きぶん》だ
この齢《とし》であんな
僻地《へきち》に転勤《てんきん》なんて…
もう十分《じゅうぶん》働《はたら》いたし
茶《ちゃ》の湯《ゆ》でもして
のんびり
暮《く》らしたい
と
嘆《なげ》いている
ブツッ
ブツッ
ブツッ
ブツッ
ブツッ
ブツッ
ブツッ
ブツッ
だが
関東入《かんとうい》りした
一益《かずます》を待《ま》って
いたのは
ブイブイ
信長家臣団中《のぶながかしんだんちゅう》
最大《さいだい》の
担当《たんとう》エリア
贈《おく》り物《もの》
しかも
大名《だいみょう》・国衆《くにしゅう》の多《おお》くは
恭順《きょうじゅん》を望《のぞ》んでおり
境目紛争《さかいめふんそう》も
ない…という
夢《ゆめ》のような
職場《しょくば》であった
ヤル気スイッチ
OFF
ON
カチ
滝川《たきがわ》さま
滝川《たきがわ》さま
関東《かんとう》での
一益《かずます》は
言葉《ことば》とは裏腹《うらはら》に
精力的《せいりょくてき》に
活動《かつどう》している
ああっ有能《ゆうのう》な
この身《み》が
呪《のろ》わしいっ
ババババ

関東入国《かんとうにゅうごく》の日《ひ》
老齢《ろうれい》の一益《かずます》を気遣《きづか》い 信長《のぶなが》が与《あた》えた 秘蔵《ひぞう》の名馬《めいば》に跨《また》って 彼《かれ》は入国《にゅうごく》した
まさに彼《かれ》にとって 生涯最高《しょうがいさいこう》の日《ひ》 だったことだろう
彼《かれ》には 関東八《かんとうはっ》か国《こく》の 警固《けいご》とともに
東国《とうごく》（東北《とうほく》も含《ふく》む） 大名《だいみょう》・国衆《くにしゅう》の 取次《とりつぎ》も任《まか》せられた
信長《のぶなが》の命令《めいれい》は 一益《かずます》を通《つう》じて もたらされ
任《まか》せた
大名《だいみょう》・国衆《くにしゅう》は 一益《かずます》を通《とお》して 信長《のぶなが》に服属《ふくぞく》する
受付
取次《とりつぎ》は 外交交渉《がいこうこうしょう》を 担当《たんとう》するとともに
服属《ふくぞく》した 大名《だいみょう》・国衆《くにしゅう》を 率《ひき》いる役目《やくめ》で あるから
一益《かずます》は東日本《ひがしにほん》の 軍勢《ぐんぜい》を率《ひき》いる事《こと》も 可能《かのう》な
強大《きょうだい》な権限《けんげん》を 与《あた》えられた のであった
ある国衆《くにしゅう》は 当時《とうじ》の一益《かずます》の 権限範囲《けんげんはんい》を
「日ノ本《ひのもと》（津軽海峡《つがるかいきょう》） まで」と表現《ひょうげん》している

関東《かんとう》・東北《とうほく》の大名《だいみょう》・国衆《くにしゅう》たちは
次々《つぎつぎ》と一益《かずます》に使者《ししゃ》を送《おく》り服属《ふくぞく》を誓《ちか》った
大名《だいみょう》・国衆同士《くにしゅうどうし》の争《あらそ》いは勝手《かって》に解決《かいけつ》することは許《ゆる》されず
信長《のぶなが》の手《て》（この場合《ばあい》は奉行《ぶぎょう》の一益《かずます》）にゆだねられ
裁決《さいけつ》されることになった
こうして一益《かずます》は信長《のぶなが》の目指《めざ》す『惣無事《そうぶじ》』を
東国《とうごく》でも成立《せいりつ》させたのである
しかしそんな一益《かずます》の努力《どりょく》も権限《けんげん》も
ある日《ひ》を境《さかい》に
すべて崩壊《ほうかい》してしまう
天正《てんしょう》10（1582）年《ねん》本能寺《ほんのうじ》の変《へん》——

一益《かずます》は信長《のぶなが》の死《し》を
ひた隠《かく》しにして
逃《に》げようとした
しかし真実《しんじつ》は
たちまち伝《つた》わり
突然裏切《とつぜんうらぎ》った
北条《ほうじょう》との戦《たたか》い
(神流川合戦《かんながわかっせん》)にも
敗《やぶ》れた
一益《かずます》はついに
領土《りょうど》の放棄《ほうき》を
決意《けつい》
もはや
東国《とうごく》すべてが
敵《てき》になった…
も…もうだめ
じゃ…
旧領伊勢《きゅうりょういせ》へ
逃《に》げ帰《かえ》った
しかし──
一益殿《かずますどの》
領土《りょうど》を放棄《ほうき》して
なぜおめおめと
帰《かえ》ってこられた
『東国警固《とうごくけいご》』に
求《もと》められて
いた役割《やくわり》は
文字通《もじどお》り
『織田政権《おだせいけん》の
東国《とうごく》の領域《りょういき》を
守《まも》ること』
ではないか
いいや
しかし…

いくら周《まわ》りが敵《てき》となり合戦《かっせん》に敗《やぶ》れたとはいえ
命《いのち》がけで領国《りょうごく》を守《まも》りもせず帰《かえ》ってくるとは
貴殿《きでん》はそれでも織田家《おだけ》の宿老《しゅくろう》か
通説《つうせつ》では一益《かずます》は『清須会議《きよすかいぎ》』に遅刻《ちこく》したことにより
宿老《しゅくろう》の地位《ちい》を追《お》われたとされている
だが実際《じっさい》は
『清須会議《きよすかいぎ》』に遅刻《ちこく》しようがしまいが
この大失点《だいしってん》によって彼《かれ》の政治生命《せいじせいめい》は終《お》わっていたのであった
織田政権内《おだせいけんない》で居場所《いばしょ》を失《うしな》った一益《かずます》は
その後《ご》は迷走《めいそう》の一途《いっと》をたどる
領土問題《りょうどもんだい》から秀吉《ひでよし》と対立《たいりつ》
勝家《かついえ》らとともに反旗《はんき》を翻《ひるがえ》すが
じき秀吉《ひでよし》に降伏《こうふく》
出家《しゅっけ》して許《ゆる》しを請《こ》い領土没収《りょうどぼっしゅう》…という
本能寺以前《ほんのうじいぜん》の輝《かがや》かしい経歴《けいれき》とは似《に》ても似《に》つかぬ晩年《ばんねん》であった

出家《しゅっけ》して 入庵不干《にゅうあんふかん》と名《な》を 変《か》えた一益《かずます》は
秀吉《ひでよし》から捨扶持《すてぶち》 三千石《さんぜんごく》を与《あた》えられ
旧友《きゅうゆう》丹羽《にわ》長秀《ながひで》の 息子《むすこ》のいる 越前《えちぜん》へ隠居《いんきょ》した
すべてはまるで 夢《ゆめ》のようじゃ…
本能寺《ほんのうじ》の変後《へんご》 その行動《こうどう》は節度《せつど》なく 裏目《うらめ》に出《で》てばかり であり
ズズ…
晩節《ばんせつ》を汚《けが》したと 言《い》われる一益《かずます》
だが
人《ひと》の能力《のうりょく》や 才能《さいのう》などは
ほんの少《すこ》しの 運《うん》やきっかけ によって
容易《ようい》に現《あらわ》れたり 衰《おとろ》えたりする ものなのだろう
その死《し》の前《まえ》の 2年《ねん》ほどは 望《のぞ》み通《どお》り のんびり 過《す》ごせた分《ぶん》
他《ほか》の武将《ぶしょう》たちよりも 幸《しあわ》せな晩年《ばんねん》だった のかもしれない

「さらさら越《ご》え」という有名《ゆうめい》なエピソードがある
越中《えっちゅう》の大名《だいみょう》佐々成政《さっさなりまさ》が
真冬《まふゆ》に※越中《えっちゅう》（富山《とやま》）から信濃《しなの》を縦断《じゅうだん》して
浜松《はままつ》・吉良《きら》まで踏破往復《とうはおうふく》したという話《はなし》である
※ルートには諸説あり
そう聞《き》くと
あの当時《とうじ》の登山知識《とざんちしき》や装備《そうび》で？
できるわけないじゃない
きっと後世《こうせい》の創作《そうさく》だよ
と思《おも》う人《ひと》もいるだろうが
実《じつ》はこれは当時《とうじ》の日記《にっき》や書状《しょじょう》にも書《か》かれている
れっきとした史実《しじつ》である
へーーっ
なぜ彼《かれ》は無謀《むぼう》ともいえる雪山越《ゆきやまご》えを決行《けっこう》したのか
そしてそれは彼《かれ》の運命《うんめい》をどう変《か》えていったのだろうか
ヒュオオ
第八章
佐々成政
佐々成政《さっさなりまさ》は尾張国春日井郡《おわりのくにかすがいぐん》比良村《ひらむら》で生《う》まれた
生年《せいねん》は諸説《しょせつ》あるが天文《てんぶん》5（1536）年《ねん》が有力《ゆうりょく》である

彼《かれ》は有能《ゆうのう》な男《おとこ》であった
佐々家《さっさけ》は初《はじ》め信長《のぶなが》と対立《たいりつ》する家《いえ》の家臣《かしん》だったといわれ
成政《なりまさ》の父《ちち》は信長暗殺《のぶながあんさつ》を謀《はか》ったともいわれている
だが※成政《なりまさ》21歳《さい》の時《とき》稲生《いのう》の戦《たたか》いで信長方《のぶながかた》につき
※弘治2（1556）年
5年後《ねんご》には信長《のぶなが》の乳兄弟《ちきょうだい》池田恒興《いけだつねおき》と協力《きょうりょく》して敵将《てきしょう》を討《う》ち取《と》り
その前歴《ぜんれき》をものともせず
馬廻衆《うままわりしゅう》としてたちまち頭角《とうかく》を現《あらわ》した
永禄《えいろく》の初《はじ》め信長《のぶなが》は小姓《こしょう》・馬廻《うままわり》から
母衣《ほろ》
優秀《ゆうしゅう》な者《もの》を選《えら》んで母衣衆《ほろしゅう》としたが
そのうち赤母衣《あかほろ》の筆頭《ひっとう》が前田利家《まえだとしいえ》
黒母衣《くろほろ》の筆頭《ひっとう》が佐々成政《さっさなりまさ》であった
成政《なりまさ》は信長配下《のぶながはいか》の武将《ぶしょう》の中《なか》でも人々《ひとびと》に人気《にんき》があり
同僚《どうりょう》の前田利家《まえだとしいえ》などは
うわっ槍《やり》の又左《またざ》だ逃《に》げろ！
喧嘩《けんか》を売《う》られるぞ
…という具合《ぐあい》だったのに対《たい》し

おお 佐々様《さっさま》だ!
ワイ ワイ
あれぞまさしく「武者《むしゃ》のおぼえ」(武士《ぶし》の鑑《かがみ》)じゃなあ
かいりき=戒力《かいりき》とは 仏教《ぶっきょう》の戒律《かいりつ》を守《まも》っている者《もの》に仏《ほとけ》が与《あた》えてくれる不思議《ふしぎ》な力《ちから》のことで
成政《なりまさ》は行《おこな》い正《ただ》しく名将《めいしょう》の誉《ほま》れ高《たか》い人物《じんぶつ》と評判《ひょうばん》だったのである
彼《かれ》は世間《せけん》で「かいりき」の持《も》ち主《ぬし》と言《い》われていた
佐々殿《さっさどの》… 立派《りっぱ》な武者《むしゃ》だのう
その後《ご》も数々《かずかず》の戦《いくさ》で勇名《ゆうめい》をとどろかせた成政《なりまさ》は
天正元《てんしょうがん》(1573)年《ねん》越前一向一揆《えちぜんいっこういっき》討伐《とうばつ》に参加《さんか》
三人《さんにん》での共同統治《きょうどうとうち》ながら
越前《えちぜん》2郡《ぐん》を与《あた》えられる
前田利家
佐々成政
府中三人衆《ふちゅうさんにんしゅう》
不破光治
その後《ご》は主《おも》な活躍《かつやく》の場《ば》を北陸《ほくりく》に移《うつ》し
柴田勝家《しばたかついえ》麾下《きか》の越前衆《えちぜんしゅう》の一員《いちいん》として
領内《りょうない》の一向一揆勢力《いっこういっきせいりょく》や東《ひがし》の上杉《うえすぎ》と激戦《げきせん》を繰《く》り広《ひろ》げてゆく

天正《てんしょう》10（1582）年《ねん》
上杉方《うえすぎがた》の策動《さくどう》で
越中《えっちゅう》で一揆《いっき》が蜂起《ほうき》
ワーワー
成政《なりまさ》は勝家《かついえ》・利家《としいえ》とともに上杉方《うえすぎがた》の拠点《きょてん》を攻《せ》め落《お》とし
一気《いっき》に国境《くにざかい》まで迫《せま》った
ワァァァァ
上様《うえさま》もさぞお喜《よろこ》びだろう
よし！これで上杉領《うえすぎりょう》は目前《もくぜん》だ
ワッ
だがその前日《ぜんじつ》
彼《かれ》らの主君《しゅくん》は帰《かえ》らぬ人《ひと》となっていた
エイエイオーッ
本能寺《ほんのうじ》の変《へん》が北陸《ほくりく》に伝《つた》わったのは変後《へんご》4日《か》経《た》った6日《か》である
勝家《かついえ》・利家《としいえ》・成政《なりまさ》はすぐに退却《たいきゃく》
？
勝家《かついえ》は信長《のぶなが》の弔《とむら》い合戦《がっせん》に向《む》かったが
成政《なりまさ》はそのまま越中《えっちゅう》にとどまった
ここで引《ひ》いては織田勢《おだぜい》の動揺《どうよう》が北陸《ほくりく》に広《ひろ》がってしまう…！
大和

信長《のぶなが》の死《し》を聞《き》いた越中《えっちゅう》の武士《ぶし》たちは
今《いま》だ！織田勢《おだぜい》を追《お》い出《だ》せ
いっせいに上杉《うえすぎ》に寝返《ねがえ》り反撃《はんげき》してきたが
成政《なりまさ》はそれを一手《いって》に引《ひ》き受《う》け
誰《だれ》の助《たす》けも借《か》りずに上杉軍《うえすぎぐん》の越中侵攻《えっちゅうしんこう》を阻止《そし》したのだった
えらいちがい
その後《ご》も成政《なりまさ》は越中平定《えっちゅうへいてい》にまい進《しん》し
翌年《よくねん》3月頃《がつころ》越中全域《えっちゅうぜんいき》の平定《へいてい》を成《な》し遂《と》げた
上様《うえさま》から賜《たまわ》った越中《えっちゅう》を守《まも》る…
これが今《いま》わしにできる織田政権《おだせいけん》への忠義《ちゅうぎ》だ
だがその間《かん》に中央《ちゅうおう》の政情《せいじょう》は目《め》まぐるしく変《か》わっていた
天正《てんしょう》11（1583）年《ねん》秀吉《ひでよし》は北庄城《きたのしょうじょう》を攻撃《こうげき》
対立《たいりつ》していた勝家《かついえ》を滅《ほろ》ぼした
勝家《かついえ》の与力《よりき》だった成政《なりまさ》も敵将《てきしょう》として処罰《しょばつ》は免《まぬが》れなかった
しかし

わしは越中《えっちゅう》で
織田家《おだけ》のために
戦《たたか》ってきただけ
秀吉《ひでよし》に罰《ばっ》せられる
いわれはない!
何《なん》と成政《なりまさ》は自《みずか》ら
秀吉《ひでよし》のもとへ行《い》き
直談判《じかだんぱん》して
自《みずか》らの潔白《けっぱく》を
証明《しょうめい》した
ううむ…さすがは
「武者《むしゃ》の覚《おぼ》え」と
謳《うた》われた成政《なりまさ》
堂々《どうどう》とした
ものだ…
秀吉《ひでよし》は
成政《なりまさ》を許《ゆる》した
わーい
よかった〜
それどころか
引《ひ》き続《つづ》き
越中《えっちゅう》の大名《だいみょう》
として認《みと》めた
秀吉《ひでよし》にとっても
成政《なりまさ》は優《すぐ》れた
「北陸方面《ほくりくほうめん》の抑《おさ》え」
だったからである
だが
天正《てんしょう》12(1584)年《ねん》
小牧《こまき》・長久手《ながくて》の戦《たたか》いが
勃発《ぼっぱつ》すると
秀吉《ひでよし》に手厚《てあつ》く
遇《ぐう》されたにも
かかわらず
突如成政《とつじょなりまさ》は
秀吉《ひでよし》を裏切《うらぎ》った
のである

この戦《たたか》いは「小牧《こまき》・長久手《ながくて》の戦《たたか》い」と言《い》われるが
実際《じっさい》の戦場《せんじょう》は小牧《こまき》・長久手《ながくて》だけではなかった
織田信雄《おだのぶかつ》・徳川家康《とくがわいえやす》が秀吉包囲網《ひでよしほういもう》を作《つく》るべく
各地《かくち》の勢力《せいりょく》を巻《ま》き込《こ》み争《あらそ》わせた
関東 佐竹（秀吉側）VS 北条（徳川側）
東海 秀吉 VS 家康・信雄
中国 来島（秀吉側）VS 毛利（徳川側）
和泉・紀伊 中村（秀吉側）VS 根来衆・雑賀衆（家康側）
四国 十河（秀吉側）VS 長宗我部（家康側）
天下分《てんかわ》け目《め》の大規模戦争《だいきぼせんそう》だったのである
ゆえに北陸《ほくりく》の成政《なりまさ》にも信雄《のぶかつ》・家康側《いえやすがわ》から盛《さか》んに調略《ちょうりゃく》の手《て》が伸《の》びた
当初秀吉側《とうしょひでよしがわ》についており援軍《えんぐん》も出《だ》していた成政《なりまさ》だったが
秀吉《ひでよし》に恩《おん》はあるが…
わしはまず織田《おだ》の家臣《かしん》
織田家当主《おだけとうしゅ》となった信雄様《のぶかつさま》につくのが筋《すじ》ではないか…
こうして成政《なりまさ》は隣国《りんごく》の前田利家《まえだとしいえ》（秀吉方《ひでよしがた》）を攻撃《こうげき》

しかし
それによって
成政《なりまさ》は東《ひがし》に上杉《うえすぎ》
西《にし》に前田《まえだ》と
両面《りょうめん》に敵《てき》を
抱《かか》えることに
なってしまった
のである
成政《なりまさ》は次第《しだい》に
追《お》い詰《つ》められて
いった
援軍《えんぐん》は
来《こ》ず
しかも…
信雄《のぶかつ》さまも徳川殿《とくがわどの》も
秀吉《ひでよし》と和睦《わぼく》に入《はい》って
いるだと…?
どういうことだ…
あんなに熱心《ねっしん》に
人《ひと》を誘《さそ》っておいて!
くそ
この越中《えっちゅう》では
何《なに》もわからぬ
どうしたら…
12月《がつ》成政《なりまさ》は
決意《けつい》する
大将《たいしょう》の成政《なりまさ》自身《じしん》が
決死《けっし》の覚悟《かくご》で
富山《とやま》から
雪《ゆき》の佐良《さら》峠《とうげ》を越《こ》え
信濃《しなの》から浜松《はままつ》に至《いた》り
家康《いえやす》に面会《めんかい》し
三河《みかわ》で信雄《のぶかつ》に会《あ》った
冒頭《ぼうとう》で紹介《しょうかい》した
『さらさら越《ご》え』
である

だが到着《とうちゃく》してみれば家康《いえやす》は秀吉《ひでよし》との和議《わぎ》を進《すす》めており
信雄《のぶかつ》もすでに秀吉《ひでよし》との和睦《わぼく》を成立《せいりつ》させた後《あと》だった
家康《いえやす》は遠路《えんろ》からの同盟者《どうめいしゃ》を手厚《てあつ》く歓待《かんたい》したという
直接《ちょくせつ》会《あ》ったことで両者《りょうしゃ》は協力関係《きょうりょくかんけい》を確認《かくにん》することはできたものの
祭《まつ》りはとうに終《お》わり踊《おど》っていたのは成政《なりまさ》だけだった
越中《えっちゅう》に戻《もど》った成政《なりまさ》は引《ひ》き続《つづ》き前田利家《まえだとしいえ》と戦《たたか》うが
成政討伐《なりまさとうばつ》に乗《の》り出《だ》した秀吉《ひでよし》によって成政《なりまさ》はことごとく敗《やぶ》れた
わしの意地《いじ》でこれ以上戦《いじょうたたか》っては領民《りょうみん》にも家臣《かしん》にも迷惑《めいわく》がかかるか…
成政《なりまさ》は剃髪《ていはつ》し
今度《こんど》こそ死《し》を覚悟《かくご》して
秀吉本陣《ひでよしほんじん》を訪《おとず》れ降伏《こうふく》した

※成政は陸奥侍従・陸奥守を称した

だが――
隈本《くまもと》で 国衆一揆《くにしゅういっき》が 起《お》きただと!?
はっ 新領主《しんりょうしゅ》の 佐々殿《さっさどの》が 強引《ごういん》なやり方《かた》で 検地《けんち》を行《おこな》った ために
肥後《ひご》の国衆《くにしゅう》たちの 反発《はんぱつ》を招《まね》いた そうです
何《なん》と…!
一揆勃発《いっきぼっぱつ》の 真相《しんそう》はわからない
越中《えっちゅう》で長年《ながねん》 一向一揆勢力《いっこういっきせいりょく》を 相手《あいて》に戦《たたか》ってきた 成政《なりまさ》が
なぜそのような 不手際《ふてぎわ》をしたのか
本当《ほんとう》にそれが 一揆《いっき》の原因《げんいん》 だったのかも 分《わ》からない
だが 手厚《てあつ》くもてなして 恩義《おんぎ》をかけて きただけに
秀吉《ひでよし》の期待《きたい》が 憎《にく》しみに変《か》わるのも 早《はや》かった
おのれ成政《なりまさ》… 二回《にかい》も反逆《はんぎゃく》を 許《ゆる》したにも かかわらず
この 大失態《だいしったい》
許《ゆる》さん
ニヤ…
成政《なりまさ》は秀吉《ひでよし》の怒《いか》りを 察《さっ》していなかった
早《はや》めに一揆が おさまって
殿下《でんか》も お喜び だろう
といわれる
秀吉《ひでよし》の命《めい》により 成政《なりまさ》は 一揆《いっき》の原因《げんいん》の 説明《せつめい》のため 大坂《おおさか》に旅《たび》だった

途中《とちゅう》尼崎《あまがさき》で4か月《げつ》幽閉《ゆうへい》されたのち
秀吉《ひでよし》から自害《じがい》の命令《めいれい》が下《くだ》った
一揆《いっき》の原因《げんいん》について 権力者《けんりょくしゃ》秀吉《ひでよし》の気《き》まぐれな態度《たいど》について
言《い》いたいことは山《やま》ほどあったかもしれないが
成政《なりまさ》は
臆病《おくびょう》や卑劣《ひれつ》は武士《ぶし》の行《おこな》うところではない
…と
言《い》い訳《わけ》もせず命令《めいれい》に抵抗《ていこう》することなく自害《じがい》した
と伝《つた》わっている
『武者《むしゃ》の覚《おぼ》え』佐々成政《さっさなりまさ》は戦国《せんごく》の世《よ》を生《い》き残《のこ》れなかった不器用《ぶきよう》な武者《むしゃ》であった
しかし成政《なりまさ》が4年半《ねんはん》だけ統治《とうち》した越中富山《えっちゅうとやま》では
今《いま》も彼《かれ》は『郷土《きょうど》の英雄《えいゆう》』として慕《した》われているという
佐々堤
成政が洪水から城下を守るために作ったとされる堤の跡

国宝《こくほう》第一号《だいいちごう》にして
世界遺産《せかいいさん》『姫路城《ひめじじょう》』
これを作《つく》ったのは
近世大名《きんせいだいみょう》
池田氏《いけだし》の初代《しょだい》
池田輝政《いけだてるまさ》である
その父親《ちちおや》が
信長《のぶなが》の家臣《かしん》だった
池田恒興《いけだつねおき》である
恒興《つねおき》は晩年《ばんねん》の
わずか数年《すうねん》で
それまで数郡《すうぐん》の
所領《しょりょう》しか
持《も》たなかった
池田氏《いけだし》を
大大名《だいだいみょう》に
押《お》し上《あ》げた
その時《とき》恒興《つねおき》が下《くだ》した
「ある決断《けつだん》」が
なければ
息子《むすこ》の輝政《てるまさ》が
近世大名《きんせいだいみょう》の
仲間《なかま》入《い》りをする
ことはなく
もちろんこの城《しろ》も
今《いま》のような姿《すがた》では
なかっただろう
第九章
池田恒興

※一説には愛知郡荒子村出身

10歳《さい》の時《とき》
信長《のぶなが》の遊《あそ》び相手《あいて》として
城《しろ》に出仕《しゅっし》するが
家《いえ》は特《とく》に裕福《ゆうふく》だった
わけではなく
16歳《さい》の時《とき》
戦《いくさ》に参加《さんか》しようと
したが
出奔《しゅっぽん》していたので
鎧《よろい》を買《か》う金《かね》がなく
母《はは》の小袖《こそで》や鏡《かがみ》を
売《う》ってようやく
具足《ぐそく》だけ調達《ちょうたつ》
兜《かぶと》を買《か》う金《かね》がなく
鉢巻《はちま》き姿《すがた》で従軍《じゅうぐん》した
…と伝《つた》わっている
信頼《しんらい》できる史料《しりょう》に
初《はじ》めて恒興《つねおき》が
出《で》てくるのは
永禄《えいろく》4（1561）年《ねん》
軽海《かるみ》の戦《たたか》いで
敵将《てきしょう》を佐々成政《さっさなりまさ》と
二人《ふたり》で討《う》ち取《と》った
時《とき》である
その後《ご》
越前《えちぜん》攻《ぜ》め・小谷《おだに》攻《ぜ》め・
姉川《あねかわ》の戦《たたか》いにも従軍《じゅうぐん》
当初《とうしょ》の恒興《つねおき》は
独立《どくりつ》した
一部隊《いちぶたい》を率《ひき》い
佐々成政《さっさなりまさ》らより
大身《たいしん》だった

天正《てんしょう》2（1574）年《ねん》から
恒興《つねおき》は信長《のぶなが》の嫡子《ちゃくし》
信忠《のぶただ》の配下《はいか》として
5年《ねん》もの間《あいだ》
東美濃《ひがしみの》で対武田《たいたけだ》の
最前線《さいぜんせん》を守《まも》った
むろんこれは
信長《のぶなが》からの
厚《あつ》い信頼《しんらい》ゆえの
配置《はいち》であったが
越前攻《えちぜんぜ》めや
天王寺救援《てんのうじきゅうえん》
雑賀攻《さいかぜ》めで
同僚《どうりょう》が手柄《てがら》を
立《た》てていく中《なか》
彼《かれ》はひたすら
東美濃《ひがしみの》を守《まも》った
東美濃《ひがしみの》はこれまで
数々《かずかず》の紛争《ふんそう》の
火種《ひだね》となった
重要地点《じゅうようちてん》…
そこを任《まか》せてくださる
上様《うえさま》の信頼《しんらい》はありがたいが
このままでは
上様《うえさま》の前《まえ》で
手柄《てがら》を立《た》て
池田家《いけだけ》を大《おお》きくする
ことができない
天正《てんしょう》6（1578）年《ねん》
ようやく恒興《つねおき》に
活躍《かつやく》の場《ば》が与《あた》えられる
信長《のぶなが》に反旗《はんき》を翻《ひるがえ》した
敵《てき》の城《しろ》を攻《せ》めるのに
助《すけ》っ人《と》として
呼《よ》ばれたのである

よおし！
ワァァァァ
恒興《つねおき》は花隈城《はなくまじょう》を攻《せ》め
ついにこれを攻略《こうりゃく》した
でかしたぞ勝三郎《しょうさぶろう》…！
信長《のぶなが》はこの活躍《かつやく》を高《たか》く評価《ひょうか》し
佐久間信盛《さくまのぶもり》への譴責状《けんせきじょう》の中《なか》で『最近《さいきん》よく働《はたら》いている武将《ぶしょう》』を列挙《れっきょ》し
光秀《みつひで》・秀吉《ひでよし》ら重臣《じゅうしん》とともに恒興《つねおき》を挙《あ》げほめたたえた
池田勝三郎《いけだしょうざぶろう》（恒興《つねおき》）は所領《しょりょう》も少《すく》ないというのに
見事《みごと》な働《はたら》きを見《み》せこれまた天下《てんか》の人々《ひとびと》に称賛《しょうさん》されている…
この功《こう》により恒興《つねおき》は信長《のぶなが》より摂津国《せっつのくに》の中《なか》の数郡《すうぐん》を与《あた》えられ
二人《ふたり》の息子《むすこ》とともにようやく城持《しろも》ちとなった
長《なが》い雌伏《しふく》の年月《ねんげつ》だったが
これからは上様《うえさま》のお近《ちか》くで手柄《てがら》を立《た》てるのだ

だが
その矢先《やさき》——
だーん
おのれ
光秀《みつひで》……！
本能寺《ほんのうじ》の変《へん》が
起《お》きたのだった——
恒興《つねおき》の態度《たいど》は毅然《きぜん》としていた——
恒興《つねおき》は
反光秀《はんみつひで》である証《あかし》に
剃髪《ていはつ》して信長《のぶなが》を悼《いた》み
勝入《しょうにゅう》と名乗《なの》る
そして光秀《みつひで》から
味方《みかた》に付《つ》くよう
勧誘《かんゆう》・脅《おど》しがきても
好条件
頑《がん》として
応《おう》じなかった
これが周辺《しゅうへん》の国衆《くにしゅう》
（摂津国《せっつのくに》の国衆《くにしゅう》）の
態度《たいど》を決《き》めた
実《じつ》は
かつて摂津国《せっつのくに》は
光秀《みつひで》の影響下《えいきょうか》に
ある国《くに》だった
京《きょう》
摂津《せっつ》
なので光秀《みつひで》は
光秀の勢力範囲
当然《とうぜん》
摂津《せっつ》の国衆《くにしゅう》は
わしの味方《みかた》になる
だろう
と
思《おも》っていた

しかし摂津衆《せっつしゅう》（恒興《つねおき》と国衆《くにしゅう》たち）が光秀《みつひで》に味方《みかた》しなかったため
光秀《みつひで》は大《おお》いに予定《よてい》が狂《くる》い
?
?
天下《てんか》（五畿内《ごきない》）の攻略《こうりゃく》に専念《せんねん》しなければならなくなった
その間《かん》に秀吉《ひでよし》が駆《か》けつけるのである
ドドドドド…
恒興《つねおき》は尼崎《あまがさき》で秀吉《ひでよし》と合流《ごうりゅう》
涙《なみだ》ながらに再会《さいかい》を喜《よろこ》び信長《のぶなが》の死《し》を悲《かな》しんだという
恒興《つねおき》は山崎《やまざき》の戦《いくさ》で秀吉《ひでよし》とともに信長《のぶなが》の仇《かたき》を討《う》った
『清須会議《きよすかいぎ》』──
!
ザワ…
柴田《しばた》・秀吉《ひでよし》・丹羽《にわ》の三人《さんにん》に比《くら》べはるかに小身《しょうしん》の恒興《つねおき》だったが
山崎《やまざき》の合戦《かっせん》での活躍《かつやく》が評価《ひょうか》され参加《さんか》を許《ゆる》された

所領《しょりょう》も大幅《おおはば》に加増《かぞう》され
恒興《つねおき》は急速《きゅうそく》に大大名《だいだいみょう》の仲間《なかま》入《い》りを果《は》たした
信長《のぶなが》の家臣《かしん》だった者《もの》たちは
どちらにつくか選択《せんたく》を迫《せま》られたが
ワイ
ワイ
今《いま》までは秀吉派《ひでよしは》だった池田様《いけださま》もいくら何《なん》でも今回《こんかい》は織田《おだ》につくだろう
何《なん》といっても信長公《のぶながこう》の乳兄弟《ちきょうだい》で幼馴染《おさななじみ》だしな
ワイ
ワイ
と多《おお》くの人《ひと》が予想《よそう》していた
やがて――
ついに秀吉《ひでよし》と織田家《おだけ》の当主《とうしゅ》信雄《のぶかつ》が対立《たいりつ》する
……
しかし…
ワー
ワー
かかれ!
恒興《つねおき》は織田信雄《おだのぶかつ》の城《しろ》犬山城《いぬやまじょう》を突然攻略《とつぜんこうりゃく》
織田《おだ》ではなく秀吉《ひでよし》につくことを表明《ひょうめい》したのだった

織田信雄《おだのぶかつ》
何《なに》っ池田《いけだ》は父上《ちちうえ》の乳兄弟《ちきょうだい》ではないか
なぜ織田《おだ》に味方《みかた》せぬ！
ヤツは父《ちち》が討《う》たれた時《とき》涙《なみだ》を流《なが》して秀吉《ひでよし》と悲《かな》しんだそうではないか
なぜその二人《ふたり》がわしに逆《さか》らう
…あなたは家臣《かしん》の気持《きも》ちを分《わ》かっておられぬ
信雄《のぶかつ》さま
実《じつ》は恒興《つねおき》は
新《あたら》しい所領《しょりょう》の美濃《みの》で領土《りょうど》をめぐる問題《もんだい》が起《お》きた時《とき》
秀吉《ひでよし》に解決《かいけつ》を図《はか》ってもらっていた
何《なん》と頼《たよ》りになる男《おとこ》だ…
やはり秀吉《ひでよし》なくして今《いま》の世《よ》の中《なか》は治《おさ》まらん
つまり池田家《いけだけ》はもはや秀吉《ひでよし》のもとで生《い》きていかなければならない存在《そんざい》だった

秀吉《ひでよし》に頼《たよ》らねば池田家《いけだけ》は生《い》き残《のこ》れない
これは他《ほか》の家臣《かしん》たちも同《おな》じであった
もう乱世《らんせ》に戻《もど》るのはこりごりだ
誰《だれ》でもいいから世《よ》の中《なか》を早《はや》く安定《あんてい》させてほしいよ
織田家《おだけ》も含《ふく》めて
強《つよ》い権力《けんりょく》を持《も》つ秀吉《ひでよし》のもとでまとまっていくのが一番《いちばん》いいんじゃないか
そうだ そうだ!
…こんな流《なが》れのなかで
秀吉《ひでよし》の専横《せんおう》には我慢《がまん》ならん!
ばん
…という信雄《のぶかつ》の行動《こうどう》は
はあ!?
それが信長《のぶなが》の子《こ》で織田家当主《おだけとうしゅ》といえども
彼《かれ》らが受《う》け入《い》れた流《なが》れを乱《みだ》すものであった
せっかく世《よ》の中《なか》が落《お》ち着《つ》いてきたのに
あのボンボンめなにやらかすか
そのため
恒興《つねおき》をはじめ多《おお》くの織田家臣《おだかしん》は秀吉《ひでよし》に付《つ》いたのだった
?
つーん…

恒興《つねおき》の人生《じんせい》は突如幕《とつじょまく》を閉《と》じる
天正《てんしょう》12（1584）年《ねん》
小牧《こまき》・長久手《ながくて》の戦《たたか》い――
成功率《せいこうりつ》の低《ひく》い危険《きけん》な作戦《さくせん》をあえて実行《じっこう》しようとした恒興《つねおき》は
長久手《ながくて》で家康軍《いえやすぐん》の攻撃《こうげき》を受《う》け討死《うちじに》
享年《きょうねん》49
長男元助《ちょうなんもとすけ》も討死《うちじに》し
父上《ちちうえ》ーッ
次男輝政《じなんてるまさ》だけが生《い》き延《の》びた
仮《かり》にこの作戦《さくせん》に成功《せいこう》していた場合《ばあい》
恒興《つねおき》は秀吉《ひでよし》から尾張一国《おわりいっこく》が与《あた》えられる約束《やくそく》になっていたという
苦労多《くろうおお》かった母《はは》とともに
尾張《おわり》に支配者《しはいしゃ》として帰《かえ》りたかった…

秀吉《ひでよし》は恒興《つねおき》の母《はは》に
息子《むすこ》や孫《まご》を死《し》なせたことへの
丁寧《ていねい》な詫《わ》びの手紙《てがみ》を書《か》いている
秀吉《ひでよし》にとっても恒興《つねおき》は最初《さいしょ》から自分《じぶん》を支持《しじ》してくれた
ありがたい存在《そんざい》だった
池田家《いけだけ》は豊臣政権下《とよとみせいけんか》で厚遇《こうぐう》され
さらに跡《あと》を継《つ》いだ次男《じなん》の輝政《てるまさ》は秀吉《ひでよし》の命《めい》で家康《いえやす》の娘《むすめ》督姫《とくひめ》を妻《つま》に迎《むか》えた
徳川家《とくがわけ》とも強《つよ》い結《むす》びつきを得《え》た池田家《いけだけ》は
徳川幕府《とくがわばくふ》の世《よ》になっても高《たか》い家格《かかく》を維持《いじ》し
幕末《ばくまつ》まで続《つづ》いた
池田家《いけだけ》は恒興《つねおき》の願《ねが》い通《どお》り逞《たくま》しく生《い》き残《のこ》ったのである

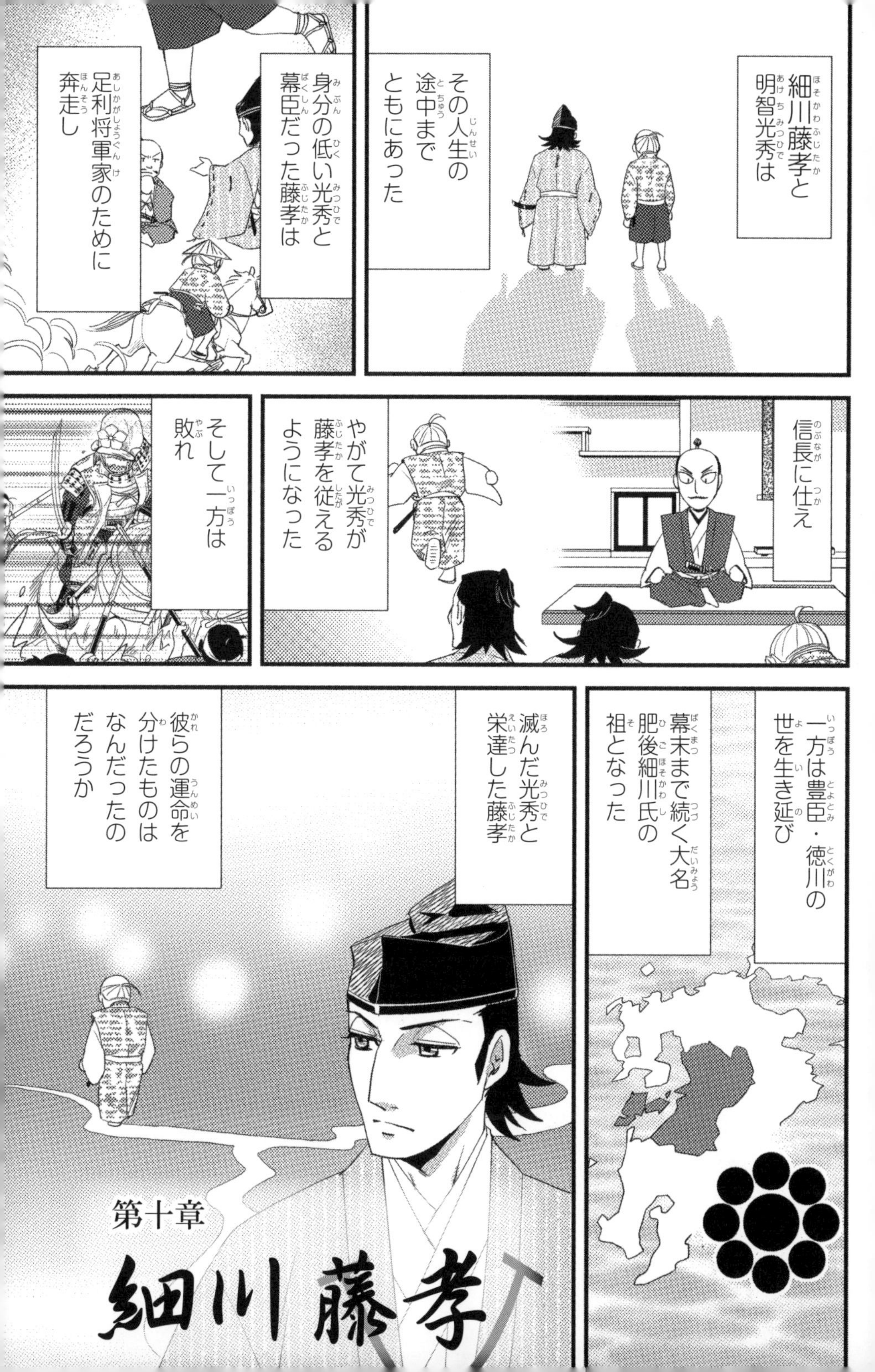
細川藤孝《ほそかわふじたか》と明智光秀《あけちみつひで》は
その人生《じんせい》の途中《とちゅう》までともにあった
身分《みぶん》の低《ひく》い光秀《みつひで》と幕臣《ばくしん》だった藤孝《ふじたか》は
足利将軍家《あしかがしょうぐんけ》のために奔走《ほんそう》し
信長《のぶなが》に仕《つか》え
やがて光秀《みつひで》が藤孝《ふじたか》を従《したが》えるようになった
そして一方《いっぽう》は敗《やぶ》れ
一方《いっぽう》は豊臣《とよとみ》・徳川《とくがわ》の世《よ》を生《い》き延《の》び
幕末《ばくまつ》まで続《つづ》く大名《だいみょう》肥後細川氏《ひごほそかわし》の祖《そ》となった
滅《ほろ》んだ光秀《みつひで》と栄達《えいたつ》した藤孝《ふじたか》
彼《かれ》らの運命《うんめい》を分《わ》けたものはなんだったのだろうか
第十章
細川藤孝

藤孝《ふじたか》は天文《てんぶん》3(1534)年生《ねんう》まれ 信長《のぶなが》と同《おな》い年《どし》である
元《もと》の姓《せい》は三淵《みつぶち》であったが
幼《おさな》い頃《ころ》細川家《ほそかわけ》の養子《ようし》になった
三淵《みつぶち》
細川《ほそかわ》
細川《ほそかわ》といえば
室町幕府《むろまちばくふ》の管領《かんれい》を務《つと》めた名門《めいもん》だが
山名《やまな》 V.S. 細川《ほそかわ》
藤孝《ふじたか》の細川氏《ほそかわし》は淡路守護細川氏《あわじしゅごほそかわし》という
藤孝
有名《ゆうめい》な
細川一族《ほそかわいちぞく》
有名《ゆうめい》な細川家《ほそかわけ》とはほとんど系図上《けいずじょう》のつながりのない※細川氏《ほそかわし》である
※藤孝の子の代になって細川奥州家の養子となり名実ともに細川一族となった
とはいえ こちらの細川氏《ほそかわし》も幕臣《ばくしん》ではあるので
藤孝《ふじたか》も早《はや》くから将軍家《しょうぐんけ》に仕《つか》えた
義藤《よしふじ》
藤孝《ふじたか》
藤孝《ふじたか》とは将軍足利義藤《しょうぐんあしかがよしふじ》※より一字《いちじ》を賜《たまわ》った名前《なまえ》である
※のちの義輝。足利義昭の兄
しかし その前半生《ぜんはんせい》は斜陽《しゃよう》の足利将軍家《あしかがしょうぐんけ》とともに流浪《るろう》する日々《ひび》であった
彼《かれ》は三度《さんど》も都《みやこ》を追《お》われている

一度目《いちどめ》は天文《てんぶん》18（1549）年《ねん》
将軍足利義藤《しょうぐんあしかがよしふじ》は有力家臣《ゆうりょくかしん》により都《みやこ》を追《お》われた
将軍《しょうぐん》に付《つ》き従《したが》った藤孝《ふじたか》は主君《しゅくん》を再上洛《さいじょうらく》させるのに努《つと》めた
天文《てんぶん》22（1553）年《ねん》
またも義藤《よしふじ》と藤孝《ふじたか》は都《みやこ》を追《お》われ
5年後《ねんご》都《みやこ》に戻《もど》る
だが永禄《えいろく》8（1565）年《ねん》
義輝《よしてる》（義藤改《よしふじあらた》め）はとうとう家臣《かしん》によって殺害《さつがい》されてしまう
将軍家《しょうぐんけ》を絶《た》やしてはならぬ…！
藤孝《ふじたか》は幽閉《ゆうへい》されていた義輝《よしてる》の弟《おとうと》一乗院覚慶《いちじょういんかくけい》（後《のち》の義昭《よしあき》）を救出《きゅうしゅつ》
今度《こんど》は覚慶《かくけい》とともに将軍家再興《しょうぐんけさいこう》のため流浪《るろう》する日々《ひび》が続《つづ》いた
この時藤孝《ときふじたか》は明智光秀《あけちみつひで》に出会《であ》う

光秀《みつひで》の有能《ゆうのう》さを見抜《みぬ》いた藤孝《ふじたか》は彼《かれ》を信長《のぶなが》への使者《ししゃ》に大抜擢《だいばってき》した
そして——
藤孝《ふじたか》さま！
信長《のぶなが》が義昭様《よしあきさま》を必《かなら》ず上洛《じょうらく》させると約束《やくそく》しました！
おお
！
光秀《みつひで》よくやった そなたが連絡役《れんらくやく》として根気強《こんきづよ》く織田《おだ》を説得《せっとく》してくれたおかげじゃ
いいえ… もとはといえば私《わたし》のような者《もの》を藤孝《ふじたか》さまが取《と》り立《た》ててくださったおかげです
良《よ》かった 本当《ほんとう》に良《よ》かった…！
※このころの光秀は義昭の家来であったが「藤孝の家来」だとする資料もある
やがて信長《のぶなが》は義昭《よしあき》を上洛《じょうらく》させるのに成功《せいこう》
両者《りょうしゃ》の仲《なか》を取《と》り持《も》った藤孝《ふじたか》は
その功績《こうせき》により勝竜寺城《しょうりゅうじじょう》と所領《しょりょう》を与《あた》えられ
琵琶湖《びわこ》
京
勝竜寺城《しょうりゅうじじょう》
もちろん光秀《みつひで》も破格《はかく》の出世《しゅっせ》をなしとげた

京都《きょうと》では幕臣《ばくしん》の藤孝《ふじたか》も信長《のぶなが》の家臣《かしん》とともに行政《ぎょうせい》を行《おこな》った
そうして――
信長《のぶなが》という男《おとこ》にも親《した》しく接《せっ》することになる――
少《すこ》しまじめすぎるきらいはあるが
信長公《のぶながこう》は政治家《せいじか》として上司《じょうし》として将《しょう》として何《なん》とも頼《たよ》りがいのある御仁《ごじん》よ
だが時《とき》は流《なが》れ…
元亀《げんき》4（1573）年《ねん》義昭《よしあき》は信長《のぶなが》に反旗《はんき》を翻《ひるがえ》した
どちらにつくべきか…
世《よ》の中《なか》のありようは何《なん》とも見分《みわ》けがつかない
当時の藤孝の書状より→
どう見《み》ても信長《のぶなが》の方《ほう》が有望《ゆうぼう》でしょう
幼《おさな》い頃《ころ》より将軍家《しょうぐんけ》のために生《い》きてきた藤孝《ふじたか》は悩《なや》みに悩《なや》んだ
藤孝《ふじたか》は悩《なや》んだ末《すえ》ついに――

信長《のぶなが》につく
ことを決意《けつい》した
そして
表向《おもてむ》きは
義昭《よしあき》の家臣《かしん》として
仕《つか》えながら
信長《のぶなが》に
そこで得《え》た情報《じょうほう》を
逐一報告《ちくいちほうこく》したのだった
…だ
そうです
その情報《じょうほう》は
義昭《よしあき》やその配下《はいか》の
武将《ぶしょう》のことは
もちろん
越前《えちぜん》の朝倉《あさくら》
近江《おうみ》の六角《ろっかく》
摂津《せっつ》・丹波《たんば》・大和《やまと》の
諸領主《しょりょうしゅ》や
上杉《うえすぎ》・武田《たけだ》など
義昭《よしあき》が信長追討《のぶながついとう》の
御内書《ごないしょ》を下《くだ》した
大半《たいはん》の勢力《せいりょく》に
及《およ》ぶものであった
おお
ありがたい!
信長《のぶなが》が義昭《よしあき》と
戦《たたか》うため
上京《じょうきょう》すると
藤孝《ふじたか》は
逢坂《おうさか》まで出迎《でむか》え
信長《のぶなが》を感激《かんげき》させた
将軍《しょうぐん》の側近《そっきん》だった
藤孝《ふじたか》が味方《みかた》に
ついたことは
あの
細川《ほそかわ》も
!?
周囲《しゅうい》への強力《きょうりょく》な
アピールになった
裏切《うらぎ》るなら
徹底的《てっていてき》に
やらねばだめだ
信長《のぶなが》が京《きょう》に
放火《ほうか》した時《とき》には
藤孝《ふじたか》も協力《きょうりょく》し
上杉《うえすぎ》にも書《しょ》を送《おく》り
義昭《よしあき》に協力《きょうりょく》しない
よう求《もと》めるなど
完全《かんぜん》に
信長《のぶなが》の家臣《かしん》
として働《はたら》いた

藤孝《ふじたか》は足利将軍家《あしかがしょうぐんけ》との縁《えん》を切《き》るため姓《せい》を長岡《ながおか》と改《あらた》め
長岡《ながおか》
~~細川~~
藤孝《ふじたか》
信長《のぶなが》の死後《しご》も生涯《しょうがい》これを改姓《かいせい》しなかった
それからの藤孝《ふじたか》は信長《のぶなが》の一部将《いちぶしょう》として活躍《かつやく》する
藤孝《ふじたか》は武将《ぶしょう》や外交官《がいこうかん》としてだけではなく
あらゆる分野《ぶんや》で一流《いちりゅう》な男《おとこ》であった
剣術《けんじゅつ》・弓術《きゅうじゅつ》などの武芸《ぶげい》を極《きわ》めたうえ腕力《わんりょく》にも恵《めぐ》まれ
茶《ちゃ》の湯《ゆ》・連歌《れんが》・料理《りょうり》・和歌《わか》・遊泳《ゆうえい》・蹴鞠《けまり》・囲碁《いご》・舞曲《ぶきょく》・猿楽《さるがく》にも精通《せいつう》
文化人《ぶんかじん》としても幅広《はばひろ》い才能《さいのう》を持《も》っていた
ンモーーッ
中《なか》でも和歌《わか》の才能《さいのう》は傑出《けっしゅつ》しており
それまで主《おも》に公家《くげ》たちの間《あいだ》で伝《つた》えられてきた※「古今伝授《こきんでんじゅ》」を
武士《ぶし》でありながら受《う》けることを許《ゆる》されたほどである
※古今和歌集の解釈や読み方を限られた者に伝えること。秘伝とされてきた

しかも彼《かれ》の教養《きょうよう》は恵《めぐ》まれた環境《かんきょう》で得《え》たものではなく
流浪先《るろうさき》で灯火《とうか》の油代《あぶらだい》さえない日々《ひび》の中《なか》で苦労《くろう》して学《まな》んだものだったという
これらの教養《きょうよう》は公家《くげ》や豪商《ごうしょう》などに幅広《はばひろ》い交友《こうゆう》を持《も》つことにつながった
長篠《ながしの》の合戦《かっせん》の前《まえ》には京都《きょうと》で鉄砲《てっぽう》の射手《しゃしゅ》と玉薬《たまぐすり》の調達《ちょうたつ》に奔走《ほんそう》
また安土城築城《あづちじょうちくじょう》でも京都《きょうと》の名大工《めいだいく》を集《あつ》め派遣《はけん》している
おそらくこれらは特殊《とくしゅ》なルートでしか入手《にゅうしゅ》できない人《ひと》やモノであり
まあ藤孝《ふじたか》はんのためなら…
それらを融通《ゆうづう》できる人脈《じんみゃく》を持《も》つ藤孝《ふじたか》だからこそできた仕事《しごと》だったと考《かんが》えられている
だが——
かつての部下《ぶか》光秀《みつひで》は信長《のぶなが》の武将《ぶしょう》として大《おお》きな力《ちから》を持《も》ち始《はじ》めており
いつのまにか藤孝《ふじたか》の軍勢《ぐんぜい》は明智衆《あけちしゅう》と呼《よ》ばれ光秀《みつひで》の与力扱《よりきあつか》いになった

プル　プル…
わが長岡家《ながおかけ》が『明智衆《あけちしゅう》』だと…
明智衆　長岡
藤孝《ふじたか》の息子《むすこ》　細川忠興《ほそかわただおき》
父上悔《ちちうえくや》しゅうございます
光秀《みつひで》は我々《われわれ》の家来《けらい》のような者《もの》でしたのに
実力《じつりょく》ある者《もの》が上《うえ》に行《い》くのは当然《とうぜん》だ
しかし…
わしは自分《じぶん》が美《よ》いと思《おも》ったものは極《きわ》めるし
人脈《じんみゃく》や情報《じょうほう》を上様《うえさま》のために使《つか》うことはできるが
あやつのように出世《しゅっせ》のためにがむしゃらに行動《こうどう》できぬ
上様《うえさま》が今必要《いまひつよう》とされているのは
彼《かれ》のそのがむしゃらな力《ちから》なのだろう
光秀《みつひで》は成《な》り上《あ》がり者《もの》だが長岡《われわれ》にはない良《よ》さがある
それぞれの良《よ》さを合《あ》わせて上様《うえさま》にお仕《つか》えできれば
こんな良《よ》いことはないではないか
……
忠興《ただおき》

やがて
信長《のぶなが》の命令《めいれい》で
光秀《みつひで》の娘《むすめ》を
忠興《ただおき》の妻《つま》に迎《むか》え
両家《りょうけ》は
姻戚《いんせき》となった
でれ…
両家《りょうけ》が互《たが》いに助《たす》け合《あ》って発展《はってん》すればこんな良《よ》いことはない
だが光秀《みつひで》の本質《ほんしつ》は
藤孝《ふじたか》にも理解《りかい》できていなかった
さらに
何《なに》ッ
光秀《みつひで》がわしに謀反《むほん》の片棒《かたぼう》を担《かつ》げと?
変《へん》を起《お》こした光秀《みつひで》から自軍《じぐん》に加《くわ》わるよう誘《さそ》いが来《き》た
何《なん》ということを…!我《われ》らの運《うん》が拓《ひら》けたのも信長公《のぶながこう》あってのことではないか
父上《ちちうえ》!

光秀《みつひで》と我《わ》が家《いえ》の親密《しんみつ》さは誰《だれ》もが知《し》るところ
世間《せけん》は長岡家《ながおかけ》は光秀《みつひで》に加担《かたん》すると思《おも》っているでしょう
このままでは他《ほか》の武将《ぶしょう》からも敵《てき》とみられます
藤孝《ふじたか》は光秀《みつひで》の誘《さそ》いを断固拒否《だんこきょひ》
すぐに剃髪《ていはつ》し家督《かとく》を忠興《ただおき》に譲《ゆず》る
忠興《ただおき》も妻《つま》を幽閉《ゆうへい》し織田政権《おだせいけん》に二心《ふたごころ》のないことを表《あらわ》し
そして秀吉《ひでよし》に使《つか》いを立《た》てた
姻戚《いんせき》である藤孝《ふじたか》さえ光秀《みつひで》に加担《かたん》しないと表明《ひょうめい》したことが
他《ほか》の国衆《くにしゅう》にも影響《えいきょう》を与《あた》え光秀《みつひで》の予定《よてい》を狂《くる》わせた
慌《あわ》てた光秀《みつひで》から
加勢《かせい》をよこしてほしい
近国《きんごく》を平定《へいてい》したら忠興殿《ただおきどの》にも任《まか》せるつもりだ
という書状《しょじょう》がきた
領国《りょうごく》を与《あた》えるだと…
わしがそんなことでなびく人間《にんげん》と思《おも》ったか
だがそなたはまさにそういうことを最《もっと》も価値《かち》あるものとして
ここまで来《き》たのだろうな

長岡家《ながおかけ》は
秀吉《ひでよし》が光秀《みつひで》を討《う》った
山崎《やまざき》の合戦《かっせん》には
参加《さんか》せず
光秀《みつひで》と藤孝《ふじたか》が
矛《ほこ》を合《あ》わせる
ことはなかった
清須会議《きよすかいぎ》の後《あと》
藤孝《ふじたか》・忠興《ただおき》は
秀吉《ひでよし》に従《したが》う
家督《かとく》を譲《ゆず》った
藤孝改《ふじたかあらた》め幽斎《ゆうさい》は
戦《いくさ》は忠興《ただおき》に任《まか》せ
茶《ちゃ》の湯《ゆ》や連歌《れんが》を
嗜《たしな》み続《つづ》けながらも
豊臣政権《とよとみせいけん》のもとで
活動《かつどう》し
慶長《けいちょう》15
（1610）年《ねん》
京都《きょうと》にて没《ぼっ》した
享年《きょうねん》77
足利《あしかが》・織田《おだ》・豊臣《とよとみ》・徳川《とくがわ》と
支配者《しはいしゃ》が代《か》わる
激動《げきどう》の時代《じだい》の真《ま》っ只中《ただなか》を
細川《ほそかわ》は生《い》き残《のこ》った
それは名門細川《めいもんほそかわ》の
名前《なまえ》による
だけではなく
類《たぐ》いまれな
情報収集能力《じょうほうしゅうしゅうのうりょく》と
見識《けんしき》によって
時代《じだい》と人《ひと》と
己自身《おのれじしん》を見《み》きわめた
結果《けっか》であった

知られざるエピソードや近年の新研究・新学説を紹介

織田家臣団その他のエピソード

信長の代で飛躍を遂げた織田家は、尾張時代からの旧臣に加えて、積極的な人材登用による組織の活性化に努めた。その結果、出自も経歴も異なる様々な才能が集積し、信長の天下一統事業の支えとなっていった。ここからは織田家家臣たちの、本編では触れられなかったエピソードについてご紹介する。

文：久下沼譲

築城の名手としても知られた明智光秀

キリスト教宣教師のルイス・フロイスによれば、光秀は築城の名手であったという。光秀が築城した城の中でも最も代表的なものといえるのが、所領である近江国志賀郡の統治のために築かれた坂本城（滋賀県大津市）である。

この坂本城は、「大天主」「小天主」と呼ばれる二つの天守を有し（『兼見卿記』）、ルイス・フロイスが「信長の安土城に次いで有名な城」とその豪華さを評するほどのものであったが、光秀の死後、同城に籠城した明智秀満が自ら火を放ったため、跡形もなく焼失し、現在ではその面影をうかがうことはできない。

また、光秀が丹波国の平定・統治を進める中で、光秀の手で築城された亀山城（京都府亀岡市）や、大規模な改修が施された福知山城（京都府福知山市）は、光秀の死後、近世においても改修を重ねつつ使用され続けている。これらの地では現在でも、城下町の礎を築いた人物として光秀の遺徳が偲ばれている。これらも、光秀の持つ築城に関する知識・技術が優秀であったことを窺わせる事例であるといえるだろう。

明智光秀が家臣に課した振る舞いの規則とは？

近江国志賀郡と丹波国一国を領し、織田家臣団の中でも有数の規模の軍団を率いた光秀は、天正9（1581）年12月に、自らの率いる家臣らに向けて家中法度を定めている。この法度は、光秀の家臣が近江・丹波の光秀領を往還する際の規則に関するもので、織田家の宿老・馬廻衆に行き会った際の礼儀作法や路上での他家家臣との口論禁止などを定めたものとなっている。
光秀は、この法度について、「信長の御座所に近いため特に考えを巡らせて定めた」としており、自分直属の家臣と、信長の下へ行き来する他の家臣とのトラブルを未然に防ごうとしたものと考えられる。
光秀に限らず、織田家の有力家臣たちは大規模な軍団を率いているが、現在、家臣に対してこうした法度を定めたことが確認されるのは光秀のみである。このことから、家臣の振る舞いにまで細かく気を配る光秀の人柄を窺うことができる。

人心掌握術で家臣団を拡大させた秀吉

卑賤の出とされる秀吉には、他の信長の家臣たちのような旧来の家臣が存在しなかった。秀吉の出世に伴って形成された秀吉の家臣団も、信長から付属された与力に依存することを余儀なくされた。そのため、自身と強い関係性で結ばれた家臣を得るために、秀吉は様々な手を尽くしていたとされる。
例えば、秀吉の下で大名として取り立てられるなど活躍した津田盛月は、元々は信長の家臣で、柴田勝家との対立が元で信長の怒りを買って追放されたところを、秀吉が、信長から匿まう形で召し抱えることになったと伝えられる。
この行為は、盛月を追放した信長の意向に反するものであり、盛月の去就を知った信長は秀吉に盛月を切腹に処すよう命じたが、秀吉は断固として盛月を庇う姿勢をみせたという。
必要な人材であれば境遇を問わずに積極的に登用し、忠誠度の高い家臣として重用する秀吉の姿勢は、のちの天下一統にも大きく寄与していくことになる。

羽柴秀吉は本当に猿と呼ばれていたのか？

秀吉がその容姿から「猿」と呼ばれていたという逸話は、現在に至るまで、秀吉の容姿を語るうえで欠かすことのできないものである。秀吉の容姿に対する評価は、秀吉自身も彼に面会した人々も「顔は醜く、五体は貧弱」という認識で一致していることから、小柄で醜い容姿とみられていたことはほぼ間違いない。そして、こうした容姿が「猿」を連想させるものであった可能性は充分に考えられる。
しかし、秀吉を猿になぞらえた書物の多くは、彼の死後に成立したものである。さらに、信長は、秀吉の妻の寧（ねね）に宛てて出した書状の中で、秀吉を「猿」ではなく「禿げ鼠」と称しているなど、生前の秀吉が本当に「猿」と称されていたのかは必

ずしも明らかではない。
こうしたことから、近年では、天下人となった秀吉が自身の神格化を目指していたことなどをふまえて、秀吉が山王信仰を利用するために、自身をその神使である「猿」にたとえた呼び名を意図的に作り上げたとする説も出されている。

柴田勝家の「刀狩り」

百姓から武器を没収する「刀狩り」といえば、天下人となった羽柴秀吉の代表的な政策の一つとして有名だが、勝家も越前国統治を行う中で「刀狩り」を行っていたことは、あまり知られていない。

史料の中で「刀さらえ」と称されている勝家の「刀狩り」は、織田家に敵対する寺社・百姓の武力削減を目指した軍事政策であった。その一方で、勝家は味方の寺社・百姓には積極的に武装を奨励しており、身分政策の一環として百姓の帯刀や武力行使の規制を目指した秀吉の「刀狩り」とは全く異なる性格のものであった。

織田家の北陸方面軍司令官として北陸の一向一揆と戦う勝家にとって、一揆を構成する寺社・農民の武力は、戦いの趨勢を左右する重要な要素であり、勝家の「刀狩り」は、北陸における織田家と一向一揆との戦いの激しさを物語っているといえるだろう。

なお、勝家の「刀さらえ」では徴収した武器は、九頭竜川に舟橋をかける鎖に用いたとか、農具に用いたとの言い伝えもある。

イメージとは異なり家臣思いだった柴田勝家

ルイス・フロイスの「日本耶蘇会年報」によれば、賤ヶ岳の戦いで敗れ本拠である越前国北庄に追い込まれた勝家は、自身がもはや家臣からの忠節に報いることが出来《でき》ないことを悲しみ、家臣に対して秀吉への降伏を認め、生きのびることを勧めたという。

一方、「日本耶蘇会年報」には、こうした勝家の意思表明にも拘らず、勝家の家臣らの多くは、勝家とともに命を絶つことを選択したと記されている。実際に、小早川隆景に宛てて勝家の最期の様子を伝えた羽柴秀吉の書状によれば、80人余りの家臣が勝家に従って殉死したことがわかる。

他の織田家の家臣との間では対立が絶えず、人望がなかったといわれることの多い勝家ではあるが、自身の家臣からの人望は厚かったようだ。

佐久間信盛と信長の蜜月時代

佐久間信盛は、天正4（1576）年以降、本願寺との戦いの方針変更に伴い、本願寺攻めの主将として天王寺城に配属され、一大勢力を率いることになったが、この頃の信盛は信長から非常に頼りにされていたようである。

その直前の天正3（1575）年11月、信長は織田家の家督と居城の岐阜城を嫡男信忠に譲るが、この後、翌年2月に安土に御座所が完成するまでの間は、信盛の館を居所としたとされている。また、天正4（1576）年正月には、信忠の文書に副状を発給するなど、信盛が信忠を補佐する立場にあったことが明らかにされており、信長が、信忠への家督継承に伴い、信盛を重用していたことが窺えるのである。信盛が本願寺攻めを任されたのも、こうした信長からの信頼あってこそだと考えられる。

本願寺攻めを任された信盛は、5年後、消極的な戦いぶりなどを咎められて織田家を追放されることになるが、譴責状にみられる信長の厳しい言葉の数々は、こうした信盛へのかつての信頼の裏返しといえるかもしれない。

信盛追放は陰謀だった？

信長による佐久間信盛の追放を巡っては、事件後、それほど時を置かずに、陰謀説が囁かれていた。信盛をはじめとする佐久間氏の武功について記した軍記で、江戸時代の初期に成立したとされる『佐久間軍記』では、早くも、信盛の追放の背景に「何者かの讒言」があった可能性が指摘されている。

さらに、江戸時代の後期になると、幕府によって編纂された武士の家譜集（『寛政重修諸家譜』）で、信盛とともに追放された息子の信栄について、「光秀の讒言」により追放されたと明記されるまでになっている。もちろん、こうした記述は全く根拠のないものだが、信盛の追放後、彼の担った畿内方面軍の統率を引き継いだのが光秀であったことなどから、何者か、とりわけ光秀による陰謀を疑う見方が形成されていった。

前田利家と佐々成政の不仲の理由とは？

利家が信長の怒りを買い、無禄での生活を強いられることとなった拾阿弥殺害事件。この事件をきっかけとして、利家と佐々成政も不仲になったという逸話がある。

利家の晩年にその小姓を務めた村井長明が、利家から語られた内容をもとに記した「陳善録」によれば、利家が拾阿弥の窃盗を許したのは、拾阿弥の赦免を嘆願した成政の顔を立てたためとされている。また、その後に拾阿弥を殺害するに至ったのも、窃盗を許したにもかかわらず、成政の後ろ盾を得た拾阿弥が、ことあるごとに利家に対して侮辱を繰り返したためであり、こうしたことから、利家は成政を嫌っていたと述べられている。信長直属の母衣衆として、また、越前国統治を担う府中三人衆として、活動を共にすることも多かった利家と成政であるが、その胸中は複雑であったのかもしれない。

前田利家はそろばんの達人だった？

「槍の又左」の異名に代表されるような武勇で知られる利家であるが、一方で、戦国時代にはまだ使うことができる人の少なかったそろばんを使いこなすなど、学問に秀でた一面もあったことが知られている。実際に、現存する加賀前田家の伝世品の中には、前田利家が使用したとされるそろばんが残されており、利家はこの算盤を具足櫃に入れて、陣中にまで携帯。前田家の収支決済に用いたと伝えられている。

利家が、妻のまつ（芳春院）を通じて息子の利長に伝えたとされる遺言（後世に作られたとの説もあり）の中には、「武道ばかりを重視してはならない。文武双方に秀でた家臣は稀なので、新参でも大切にするように」とみえる。利家のそろばんからは、文武双方に秀でた家臣を理想と考え、かつて織田家の家臣として自らもそうあろうとした利家の姿が窺えるかもしれない。

親子二代にわたって信長が舅となった丹羽氏

織田家臣団における丹羽長秀の立場を窺う上で注目される事柄の一つに、丹羽長秀と信長との姻戚関係が挙げられる。長秀の正室である桂峯院は、信長の庶兄である織田信広の娘だが、長秀との婚姻を前に信長の養女とされており、この婚姻は信長との姻戚関係の形成を意味するものであった。

織田家の家臣団において、信長の譜代の家臣が、

自身の息子の妻として信長の娘を迎える事例はそれほど珍しくはないが、養女とはいえ、自分自身が信長の娘を妻に迎えているものは、現在のところ長秀以外には確認することができない。

また、長秀と桂峯院との間に生まれた息子である長重も、信長の命により、その五女である報恩院を正室に迎えている。長秀と信長との間には、親子二代にわたって、強固な姻戚関係が結ばれていたのであり、信長が長秀、ひいては丹羽氏をいかに重要視していたかが窺える。

寄生虫死亡説もある丹羽長秀

天正13（1585）年に、越前国北庄で没した長秀の死因を巡っては、興味深い逸話が伝えられている。

江戸時代に、幕府の命令で林羅山が編さんした『豊臣秀吉譜』には、長秀が常日頃から「積聚《しゃくじゅ》」（＝癪《しゃく》）の病に苦しんでおり、その痛みに耐えかねて腹を切って死んだこと、遺体を火葬した後、灰となった遺体から積聚の原因と思われる「こぶし大の何か」が出てきたため、秀吉が、自身に仕える医師の竹田法印にこれを下賜したことが記されている。竹田氏の家譜にも、これとほぼ同様の話が記されているほか、『豊臣秀吉譜』のこの逸話に興味をもった肥前国平戸藩主の松浦静山は、竹田家に伝わる「虫」の模型を実際に確認し、模写したという。

これらの逸話をふまえて、近年では、長秀の死は、体内の寄生虫を原因とするものであったとする説も出されている。

「左近将監」にこだわった滝川一益

一益は、自分が発給した文書の中で一貫して「左近将監（左近丞）」を称しているが、『言継卿記』や『宇野主水日記』といった同時代史料の中には、一益のことを「滝川伊予守」と呼んでいる場合がある。こうした事例がみられるのは、いずれの史料においても天正3（1575）年以降のことであり、この年の7月、明智光秀ら織田家の家臣が官途を授与された際に、一益にも「伊予守」が与えられたものと考えられている。

ただ、一益以外の信長家臣が、この時期を境に名乗りを改めているのに対し、一益が一貫して「左近将監」を自称したことは先に述べた通りであり、自ら「伊予守」を称した形跡はみられない。なぜ一益は「伊予守」を名乗らなかったのか、その理由は現在のところ明らかではないが、一益が自ら「左近将監」の使用を選んだことは確かであり、一益の「左近将監」の官途へのこだわりを窺うことができるのかもしれない。

秀吉家臣となった滝川一益の活躍

本能寺の変後、秀吉への降伏によって所領を失うなど没落の一途を辿った一益だが、秀吉と家康との対立が深まった時期、秀吉家臣としての活動を確認することができる。

特に知られるのが、小牧・長久手の戦いでの信雄・家康陣営の拠点蟹江城の奪取だが、こうした軍事行動以外にも、関東の佐竹氏との外交の取次役としての活動を確認できる。家康との対立を深めた秀吉にとって、佐竹氏をはじめとした北関東の諸大名・国衆との連携は、家康と同盟関係にある小田原北条氏を牽制する上での重要課題であった。そのため、信長存命中に東国の大名・国衆との取次を担っていた滝川一益にも白羽の矢が立てられたものと考えられる。

　一益が取次役として佐竹氏やその家臣に宛てた書状の中には、小牧・長久手の戦いの翌年に出されたと考えられるものもあり、秀吉と家康の緊張関係が続く中で、一益による外交取次は一定の意味を持ち続けたものと考えられる。

富山で今なお語り継がれる佐々成政の業績

　わずか4年半という短い期間で終わった成政による越中国（現在の富山県）統治であるが、そのわずかの期間に成政が行ったとされる治水事業の成果が、現在にまで語り継がれている。それは常願寺川の治水事業であり、当時成政が拠点とした富山城の城下を、頻繁に発生する洪水から守るために堤防が築かれたという。

　成政が築いたとされる佐々堤は、その一部分が明治時代の用水路工事に際して発掘され、現在にまで伝えられているが、これは、武田信玄の築いた信玄堤と同じ霞堤と呼ばれる形態のもので、当時の最新技術を取り入れたものであったと評価されている。統治者としての成政の力量を窺わせる貴重な遺構であるといえるだろう。

佐々成政の滅亡と「早百合伝説」

　佐々成政の没落には、「早百合」という女性を巡る有名な逸話が残されている。この逸話は、成政の寵愛を受けた「早百合」という側室が、彼女の不義密通の噂を耳にした成政により、一族共々処刑されたというもので、成政を恨んだ早百合は、その死の直前に佐々家を呪い滅ぼすと言い残したと伝えられている。

　またこの時、早百合が「立山に黒百合が咲く時、私の恨みで成政を滅ぼす」と言い残し、そ

の後、成政が北政所（秀吉の妻ねね）に越中の珍花として「黒百合」を贈ったところ、北政所は、この「黒百合」が原因で恥をかいたことから、贈り主の成政を恨むようになり、これが成政の滅亡の遠因となったという別の逸話も残されている。

「早百合」を巡るこれらの逸話は、早百合処刑の地と伝えられる「磯部の一本榎」とともに、富山において、長い間悲劇として語り継がれてきたもので、成政の残虐さを示す逸話として取り上げられてきたが、成政に代わって越中を統治することとなった前田氏が、成政を暴君に仕立てるべく意図的に流布した逸話であった可能性も指摘されている。

摂津出身をアピールした池田恒興

近世大名池田氏の礎を築いた池田恒興であるが、その出自・系譜については、今なお不明な部分が多く残されている。江戸時代の初期に、幕府が各家からの申告に基づいて編纂した『寛永諸家系図伝』で、恒興の子孫は池田家を、摂津源氏源頼光の末裔である摂津池田氏の一族で、恒興の父恒利の時に尾張に移住したとしている。ところが、この主張には江戸時代から疑義が呈されており、現在では、

摂津池田氏から分かれた美濃池田氏の一族とする説、摂津池田氏とは別家の近江池田氏の一族とする説など、諸説が入り乱れた状況にある。

ただ、どの説が正しいかにかかわらず、近世初期の池田氏が、自身のルーツを摂津国に求めていたことは間違いない。こうしたことから、『寛永諸家系図伝』における池田氏の系譜認識については、摂津国に所領を得た恒興が、摂津出身をアピールすることで、その統治を円滑なものとするために作り上げたものであった可能性も指摘されている。

池田恒興と滝川一益とは従兄弟同士？

今なお出自に不明な点の多い恒興であるが、滝川一益と従兄弟同士の関係にあったとの説もある。この説は、恒興の父恒利を、池田家に婿養子に入った一益の叔父と位置付けるもので、一益の織田家仕官に信長の乳兄弟である恒興が大きな役割を果たしたことを裏付けるものでもある。

池田氏の出自や系譜については、現在でも諸説が入り乱れた状況にあることは先に述べた通りであり、恒利を滝川家の出身とする上記のような説も、事実であったかどうかはわからない。ただ、一益の死後、彼の子孫の中には恒興の子の輝政に仕えた人物が複数みられるなど、両家のつながりの深さを窺わせる傍証は多く、近年では、一益と恒興とがなんらかの縁戚関係にあった可能性は高いと考えられている。

故実・文化の保護者だった細川藤孝

教養人としても名高かった細川藤孝は、文化・故実の保護にも力を入れていたという。藤孝は足利将軍家の料理作法を伝えてきた小笠原氏や大草氏、進士氏（旧・足利将軍家幕臣）を召し抱えたことを契機に、鯉庖丁（手で触れずに鯉をさばく伝統的な技術）などの武家流の料理作法を会得したという。これらの旧幕臣の家臣化は、自己の勢力拡大よりも、文化継承者を保護する意味合いが強かったのではないかとも言われている。事実、こうした料理作法は、彼らに師事することで身につけたものであったと考えられている。

また、文化人としての藤孝の象徴ともいえる「古今伝授」（古今和歌集の解釈や学説を伝授すること）も、代々「古今伝授」を相伝する三条西家から、当主が幼少であることによる「中継ぎ」として藤孝が継承したものであった。

こうした事例からは、藤孝の多才さだけでなく、戦乱の世にあって、多くの故実・文化が断絶の危機に瀕する中で、自らがその故実・文化を体得することで、保護しようとした藤孝の姿勢が窺えるのである。

田辺城の戦いと細川藤孝

慶長5（1600）年6月、石田三成が家康討伐を掲げて挙兵すると、会津の上杉氏征伐のため家康に同行していた息子忠興に代わって、その居城である丹後国田辺城を守っていた藤孝（幽斎）は、石田三成率いる西軍の軍勢に包囲されることになった。この時、藤孝の歌道の弟子で、師の戦死によって古今伝授が途絶えることを恐れた八条宮智仁親王は藤孝に講和を勧めた。だが、藤孝の徹底抗戦・討死の意思は固かったようで、親王には古今伝授の証明状を送ったという。これは、「親王は古今伝授を完全に会得されたので、もう私がいなくなって大丈夫です」という意思表示であったのだろう。

最終的には、親王の求めにより、その兄後陽成天皇の勅使が派遣され、勅命によって講和が成立し、幽斎も一命を取り留めることとなったが、これは関ヶ原の合戦の2日前のことで、藤孝は田辺城攻めの軍勢の釘付けに成功したと伝えられている。

高い教養をもつ当代有数の文化人である一方、武人としての自分も決して軽んじることのなかった幽斎の姿を象徴する事件であったといえるだろう。

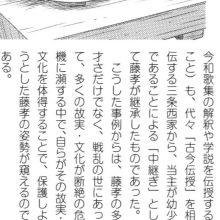

織田家臣団ゆかりの地ガイド

織田家（弾正忠家）の家臣団は尾張国（愛知県）を中心に、征服地である美濃、伊勢、近江、大和、山城など他地域から召し抱えられている。さらに、信長の天下一統事業の進展により、勢力範囲は関東、北信越、中国、四国方面にも広がり、織田家とその家臣たちは各地に足跡を残している。ここでは、信長の家臣たちにまつわる旧跡を紹介する。

文・久下沼譲

明智光秀

①坂本城跡

（滋賀県大津市下阪本3丁目）

近江国志賀郡を拝領した明智光秀が、支配の拠点として築いた城郭。「安土城に次いで有名な城」と評されるほどの豪壮さを誇ったが、光秀の死後、その家臣の明智秀満により放火され、焼失した。

その後、丹羽長秀が再建したもののまもなく廃城となり、今では、東南寺門前の「坂本城跡」の石碑と、城跡の一角に整備された城址公園にその面影を残すのみとなっている。周辺の発掘調査では、坂本城のものと推測される遺構や土器・瓦片などが発見されているが、その中には再建時のものも含まれており、光秀時代の坂本城は今なお謎に包まれたままとなっている。

②福知山城跡

（京都府福知山市内記1丁目）

天正7（1579）年に丹波国を平定した明智光秀が、同国北部の支配の拠点とした城郭。福知山一帯の領主で光秀に敵対・滅亡した塩見信房の居城（横山城）に改修を施したもので、改修には、光秀に敵対した寺院の石塔などが用いられたという。

光秀の死後も、江戸時代を通じて用いられ、現在でも、光秀時代以来の石垣と天守台の遺構を見ることができる。特に石垣については、調査を通じて五輪塔などの転用石材の使用が明らかとなり、前述の伝承との合致が指摘されている。

③亀山城跡

（京都府亀岡市荒塚町内丸1）

天正6（1578）年、丹波国攻略中の光秀によって築城された城郭。当初は軍事拠点としての性格の強い城郭であったが、同国平定後は光秀によって城下町の建設が進められるなど、支配拠点へと移行していったと考え

られている。

光秀の死後も、羽柴秀吉により拠点とされ、江戸時代にも一貫して亀山藩主の居城として用いられたが、この間に大幅な改修が行われたこと、今なお十分な発掘調査が行われていないことなどから、光秀時代の亀山城の実態はほとんどわかっていない。

④金山城跡

（兵庫県丹波篠山市追入）

天正6（1578）年、丹波攻略中の光秀が軍事拠点として築いた城郭。光秀に対する最大の抵抗拠点であった荻野氏の黒井城と波多野氏の八上城との中間に位置し、両者の連携を阻止する役割を果たしたとされる。

翌年、光秀が八上城・黒井城を相次いで攻略し、丹波平定を実現すると、役目を終えたこの城は廃城となった。城跡には、現在も本丸部分の石垣をはじめとした光秀築城時の遺構が良好な形で残されており、市の史跡に指定されている。

⑤八上城跡

（兵庫県丹波篠山市八上上ほか）

丹波国の国衆波多野氏の居城で、光秀の丹波国攻略に対する最大の抵抗拠点。慶長14（1609）年に廃城となったが、現在でも曲輪や堀切などの中世城郭としての遺構が多数現存する。

なお、現在では後世の創作と考えられているが、人質となった光秀の母が殺され、その恨みが本能寺の変の一因となったとする有名な逸話は、この城にまつわるものであり、城跡には光秀の母が磔にされたという伝承地も残されている。

⑥本能寺跡

（京都市中京区小川通蛸薬師元本能寺町）

光秀が主君である信長を討った本能寺の変の舞台。同寺は天正19（1591）年に秀吉によって現在地（京都市中京区下本能寺町）に移されたため、変の舞台となった旧寺地には所在地であることを示す石碑が残されるのみとなっている。

跡地周辺では、数度の発掘調査が行われており、寺を囲む堀の遺構や本能寺の変が原因で焼けたとみられる瓦などが発掘されている。なお現在の本能寺の境内には、信長の廟所が設けられている。

⑦山崎古戦場跡

（京都府乙訓郡大山崎町）

本能寺の変で信長を討ち取った光秀と、その報告を受けて光秀討伐へと動いた秀吉が雌雄を決した山崎の戦いの舞台。

大山崎町内には、町立大山崎中学校の門前などに古戦場であることを示す石碑が建てられているほか、発掘調査によって明智光秀の本陣が置かれたと考えられているsa境野1号墳や、戦いに際して光秀軍・秀吉軍双方が陣所とし、勝敗の分かれ目になった

という逸話で有名な山崎城（天王山）などの故地が所在している。

⑧谷性寺の首塚

（京都府亀岡市宮前町）

亀山城を拠点とした光秀から、崇敬を受けたと伝えられる曹洞宗寺院。光秀の没後、光秀の家臣である三沢《みぞう》秀次が光秀の首を埋葬したという逸話と共に、光秀の首を巡っては、光秀の娘で、細川忠興に嫁いで丹後国宮津にいた玉（ガラシャ）の下に届けられたとする逸話もあり、同地の盛林寺（現京都府宮津市喜多）には光秀の供養塔が残されている。

⑨西教寺

（滋賀県大津市坂本5丁目）

坂本城の城下に所在する天台宗寺院。元亀2（1571）年の比叡山焼き討ちに際して、織田家の軍勢によって破却されたが、その後、坂本に移り住んだ光秀により、明智家の菩提寺として再興されたと考えられている。

境内には、光秀の供養塔や光秀一族の墓所が存在するほか、光秀が西教寺に供養米を寄進した際の寄進状が伝来している。

羽柴秀吉

①金ヶ崎城跡

（福井県敦賀市金ヶ崎町）

元亀元（1570）年4月、越前国から撤退する信長のために秀吉が籠城し、信長を追撃する朝倉氏の軍勢を食い止めたと伝えられる城郭。元は越前朝倉氏の敦賀支配の拠点であったが、織田氏の侵攻に伴い攻略されており、信長の撤退後はそのまま廃棄されたと伝えられる。

城跡は、国史跡に指定されており、本丸をはじめとした曲輪跡や堀切などの遺構が残されている。

②横山城跡

（滋賀県長浜市石田町）

浅井氏の本拠小谷城攻略に際し、秀吉が城番として守備を任された前線拠点。小谷城の目の前に位置し、元来は同城防衛のための支城として重要な役割を果たしていたが、姉川の合戦後まもなく織田氏によって攻略され、以後は、小谷城攻略のための重要な拠点となった。

城郭が存在した丘陵上には、現在も遺構として多数の曲輪群や堀が残されている。

③長浜城跡

（滋賀県長浜市公園町）

浅井氏の滅亡後、その旧領である北近江を拝領した秀吉が、小谷城に代わる新たな支配拠点として築いた城郭。琵琶湖の湖岸に面して作られた平城で、城下町は小谷城からの移転によって作られたと伝えられる。

遺構としては、

堀や石垣が残されているが、江戸時代に大地震の影響で城跡の一部が琵琶湖に水没したため、その全容は明らかにはされていない。

④平井山ノ上付城跡・秀吉本陣跡

（兵庫県三木市平井町・与呂木町・志染町）

天正6（1578）年、播磨国の国衆別所長治の織田家離反に伴い、その討伐にあたった秀吉が、長治の居城三木城攻略のために築いた付城。秀吉の本陣跡に曲輪や堀、土塁が残されているほか、周辺の発掘調査により本陣と連携する多数の付城が発見されたため、国史跡に指定されている。

なお、秀吉の軍師として知られる竹中重治は、この三木城攻めの陣中で死没しており、本陣跡東側の観光ぶどう園内には重治の墓所が設けられている。

⑤太閤ヶ平

（鳥取県鳥取市東百谷）

天正9（1581）年、毛利氏によって奪取された鳥取城への攻撃のため、秀吉が鳥取城東側の帝釈山山頂に築いた付城。

秀吉は、この城を本陣として鳥取城を包囲し、4ヶ月にも及ぶ苛烈な兵粮攻めを展開した。城跡に曲輪や虎口、堀や土塁などの遺構が良好な状態で現存し、また周辺には本陣と連携して鳥取城への包囲網を形成した陣城も多数確認されることから、鳥取城と合わせて国史跡に指定されている。

⑥備中高松城跡と水攻築堤跡

（岡山県岡山市北区高松）

天正10（1582）年、京都で本能寺の変が起きた際に秀吉が攻略に当たっていた城郭。備中国の国衆三村氏によって築かれた城で、天正10年当時は、毛利氏家臣清水宗治が城主であった。この城を水攻めにしていた秀吉は、本能寺の変を知ると、直ちに宗治の切腹を条件に毛利氏と講和し、光秀討伐に向かっている。

現在、城跡には城の石積みの一部が残るのみであるが、周辺には秀吉の水攻めに用いられた堰堤の遺構が残されており、史跡公園として整備されている。

⑦清須城跡

（愛知県清須市朝日城屋敷）

天正10（1582）年6月、信長死後の織田家の方針を決める清須会議が開催された城郭。本能寺の変後、信長の嫡孫として織田家の家督を継承した三法師が、この城に避難していたことから、会議の開催地となった。

この会議の結果、光秀討伐の功により多くの所領を得た秀吉は、柴田勝家に代わる織田家の筆頭家臣となり、同家の舵取りを主導していくことになる。現在、城跡の大部分は開発に伴い破壊され、本丸土塁の一部と復元された石垣を残すのみとなっている。

⑧豊国廟

（京都市東山区大和大路正面茶屋町）

京都東山の阿弥陀ヶ峰山頂に設けられた秀吉の墓所。慶長3（1598）年8月に没した秀吉は、翌年4月13日に、自身の神格化を図る秀吉の遺命に従って同所に埋葬され、麓には豊国神社が建立された。

その後、豊臣氏が滅び、豊国神社が廃絶すると、秀吉の墓所は江戸時代を通じて麓の方広寺に移されていたが、明治時代に天皇の意向を受けて、豊国神社と共に現在の形で再興されている。

柴田勝家

①一色城跡・下社城跡

（名古屋市名東区陸前町1310）

尾張時代の柴田氏の居城であったと伝えられる城郭。一色城城主の柴田源六勝重は一説に勝家の祖父とされることから、勝家の生誕地を一色城とする説が存在する。ただし、一色城近隣の下社城（名古屋市名東区陸前町）を勝家の生誕地とする説もあり、今なお確実なことはわかっていない。

現在、一色城・下社城はそれぞれ、神蔵寺・明徳寺の境内となっており、神蔵寺には勝重の墓が、明徳寺には下社城跡及び勝家生誕地であることを示す碑が存在している。

写真提供：城郭放浪記

②稲生原古戦場跡

（名古屋市西区名塚）

弘治2（1556）年、信長とその弟信成が織田家の家督を巡り争った稲生原合戦の舞台。この時、勝家は信成の家老として参戦し敗れたが、後に信成共々許されている。以後、勝家は信長に忠誠を誓ったと伝えられるが、一方でしばらくの間全く活動が窺えないため、信長から疎んじられていたとも考えられている。

現在、合戦のあった西区名塚の周辺には、合戦の戦没者を祀ったという庚申塚や、戦いに際して信長方が築いたとされる名塚砦（現白山神社）が残る。

③長光寺城跡

（滋賀県近江八幡市長福寺町）

近江六角氏の拠点として築かれた城郭で、永禄11（1568）年以降、足利義昭の上洛の途上で六角氏を没落させた織田家の支配下に置かれた。元亀元（1570）年、浅井長政の織田家離反・六角氏の再起に伴う近江国の情勢悪化を受けて、勝家が城主に任命された。

有名な「瓶割り柴田」の逸話は、この長光寺城を舞台としたもので、城の築かれた長光寺山には「瓶割山」の異名が残されている。城跡には、現在でも曲輪や堀切などの遺構が明確に残り、一部石垣も確認できる。

写真提供：城郭放浪記

④北庄城跡

（福井県福井市大手3-17-1）

天正3（1575）年、越前一向一揆の平定後、その功績により越前国八郡を拝領した柴田勝家が、朝倉氏の一乗谷城に代わる新たな支配拠点として築いた城郭。「九重」とも称される高層の天守を持つ巨大な城郭で、全ての屋根が石瓦で葺かれるなど美しい外

写真提供：福井県観光連盟

観を有したと伝えられる。

勝家の北庄城は勝家の死に伴い焼失し、その跡地には新たに福井城が成立したため、現在、北庄城の実態はほとんど明らかではないが、発掘調査により勝家期の石垣とみられる石が発見されている。

⑤手取川古戦場跡

（石川県白山市湊町141）

天正5（1577）年9月、越中国から加賀・能登両国へと進出し能登畠山氏の七尾城を攻撃した上杉氏の軍勢と、畠山氏の救援に動いた織田氏の軍勢とが戦った手取川合戦の舞台。この時の織田軍は、勝家を総大将とする大軍勢であったが、上杉氏の迎撃を受け大敗したと伝えられる。

現在、合戦のあった手取川沿岸の呉竹文庫に、合戦後に広まったという「上杉に遭ふては織田も名取川（手取川）はねる謙信逃ぐるとぶ長（信長）」の落首を刻んだ古戦場碑が設けられている。

⑥賤ヶ岳古戦場跡

（滋賀県長浜市余呉町川並）

天正11（1583）年4月、勝家と秀吉が、信長亡き後の織田家の方針を巡り対立を深め、武力衝突した賤ヶ岳合戦の舞台。この戦いで敗れた勝家は、本拠である越前国北庄に追い込まれ、同月中に自害することとなった。

現在、戦いの舞台となった賤ヶ岳の麓には、戦いに際して築かれた砦の遺構や、勝家方の毛受兄弟・秀吉方の中川清秀をはじめとした戦没者の墓が残されている。

⑦西光寺

（福井県福井市左内町8-21）

越前国北庄を本拠とした勝家の菩提寺。元は、延徳元（1489）年、朝倉氏が越前国岡保村（福井市岡保村）に創建した寺院で、朝倉氏滅亡後の天正3（1575）年、北庄に入部した勝家の手で現在地に移転されたと伝えられる。現在、境内には勝家とその妻であるお市の方の墓が残るほか、併設された資料館に勝家ゆかりの品が伝えられている。

写真提供：福井cityナビ

⑧幡岳寺

（滋賀県高島市マキノ町中庄336）

柴田勝家の甥（勝家の妹の子ども）であり、勝家の家臣でもあった佐久間安政が、勝家の没後、所領である近江国高島郡内に建立した菩提寺。安政がこの寺を建立したのは、叔父である勝家やその妻であるお市の方、自分と同じく勝家に仕え賤ヶ岳の合戦後に処刑された兄盛政の菩提を弔うためでもあったといわれている。現在でも、建立当時から伝わる勝家の位牌が残されている。

佐久間信盛

①善照寺砦跡

（名古屋市緑区鳴海町砦3）

永禄3（1560）年の桶狭間の合戦前

後の時期に、信盛が守備を任されていたといわれる砦。織田家家臣山口氏の離反に伴い今川氏の手に落ちた鳴海城を牽制する目的で築かれたと伝えられる。
　また、同年5月19日に、織田軍が桶狭間の今川義元の本陣への奇襲を決行した際、清須城を出陣した信長はこの砦に入って奇襲を行う態勢を整えたといわれている。現在、城跡は善照寺砦公園として整備されているが、目立った遺構は残されておらず、合戦当時の城の実態をうかがうことはできない。

②永原城跡
（滋賀県野洲市永原）

　室町時代に近江六角氏の家臣である永原氏が居城とした城郭で、永禄11（1568）年以降、足利義昭の上洛の途上で近江六角氏を没落させた織田家の拠点となった。元亀元年、北近江の浅井長政の織田家離反や六角氏の再起に伴い近江国の情勢が悪化すると、その対策として佐久間信盛が城主とされ、以後信盛は柴田勝家と共に近江国平定の中核を担うことになった。
　現在、城跡には本丸を中心とした遺構が残るが、その大部分は、江戸時代に将軍の休息所として設けられた永原御殿のものと考えられており、戦国時代の実態を窺うことはできない。

写真提供：城郭放浪記

③天王寺城跡
（大阪府天王寺区伶人町・同逢坂1丁目）

　天正4（1576）年、織田家に反旗を翻した大坂本願寺を攻撃するための拠点として築かれた城郭。当初は、原田直政が城主を担ったが、まもなく直政が戦死したため、信盛が城主を務めることになった。その後天正8（1580）年まで、信盛は本願寺攻めの司令官として織田家内でも最大規模の軍勢を率いて本願寺と対峙することになったが、この間の世間からの悪評が原因で失脚することとなる。
　現在、開発に伴い城郭の遺構は何も残されていないが、「北ノ丸」・「中ノ丸」・「南ノ丸」の小字に、城郭の存在した名残をみることができる。

④十津川の信盛墓所
（奈良県吉野郡十津川村大字武蔵）

　天正8（1580）年に信長によって追放された後、紀伊国高野山で出家し、天正9（1581）年7月（一説に天正10年正月）、大和国吉野郡十津川で病気療養中に死去した佐久間信盛のものと伝えられる墓。
　また、江戸時代に幕府が編纂した『寛政重修諸家譜』によると、信盛の遺体は京都の大徳寺（京都市北区紫野大徳寺町）の高東院に葬られたとされるが、現在、大徳寺に信盛の墓所は残されていない。

前田利家

①荒子城跡・前田城跡
（名古屋市中川区荒子町・同前田町）

　利家の生誕地と伝えられる城郭。利家の生誕地については、利家の祖父の代から荒子村を領し、利家の父利昌が荒子城に居住したと伝えられることから荒子城とする説がある一方、利昌が荒子城に移ったのを利家の生誕後と考え、荒子城以前の居城の前田城とする説もある。

　両城の跡地は現在、それぞれ富士大権現天満天神宮、前田速念寺となり、城の遺構はみられないが、いずれの敷地内にも前田利家生誕地であることを示す石碑が建てられている。

②越前府中城跡

（福井県越前市府中1丁目）

　天正3年（1575）年、越前国府中近辺に所領を与えられた利家が居城として築いた城郭。同城に移った利家は、以後、信長から越前国支配を委ねられた柴田勝家の目付役として、織田氏による越前国支配や北陸地方平定の一端を担うことになった。

写真提供：城郭放浪記

　現在、城の遺構は開発によって完全に破壊されており、跡地に建つ越前市役所の敷地内に「越府城趾」の石碑を残すのみとなっている。

③七尾城跡

（石川県七尾市古府町ほか）

　天正9（1581）年10月、信長から能登国支配を任された利家が、最初に拠点とした城郭。元は室町時代に能登国守護畠山氏によって築かれた城郭で、能登国の交通・流通の中心であったが、日常的な統治に不便であったため、利家の入城後まもなく、新たに小丸山城が築城されることとなった。

　城跡には、戦国期の曲輪・石垣などの遺構がほぼそのままの形で残されており、国の史跡に指定されている。

④小丸山城跡

（石川県七尾市馬出町）

　信長から能登国支配を任された利家が、七尾城に代わる新たな拠点として築城した城郭。天正10（1582）年正月、七尾城よりも城下町七尾や七尾港に近い小丸山を城地として築城が開始された。その後、利家は賤ヶ岳合戦後の加増を受けて加賀国金沢へと移ったが、小丸山城は引き続き前田氏の能登国支配の拠点として用いられた。

　城跡は現在、小丸山公園として整備されており、遺構として曲輪や堀・土塁、櫓台跡などが残されている。

⑤金沢城跡

（石川県金沢市丸の内1-1）

　天正8（1580）年の加賀の一向一揆平定後、織田氏による加賀国統治の一端を担った佐久間盛政が、一揆の本拠である尾山御坊を改修して築いた城郭。賤ヶ岳の戦いで盛政が叔父の柴田勝家に従って処刑されたのに伴い、盛政の旧領を与えられた利家の新たな居城となり、以後、江戸時代を通して加賀藩主前田家の本拠とされた。

　現在、城跡は国史跡に指定されるとともに、金沢城公園として整備され、江戸時代後期の地割りに基づく建造物の復元が進められている。

⑥宝円寺

（石川県金沢市宝町6-14）

天正11（1583）年に、加賀国金沢に移った利家が、金沢城下に自身の菩提寺として創建した曹洞宗寺院。元は、越前国府中在城時代に同地の高瀬宝円寺に帰依した利家が、能登国七尾在城時代に建立した寺院で、自身の金沢移住に伴い七尾から金沢城下へと移転させたと伝えられる。

慶長4（1599）年3月、利家が大坂で没すると、宝円寺の住持である象山が、利家の葬儀の引導役を務めたという。

⑦野田山墓地前田家墓所

（石川県金沢市野田町）

金沢城の南方の野田山の山上に位置する加賀藩主前田家の墓所。慶長4（1599）年3月、大坂で没した利家の遺体は、翌4月8日に野田山に埋葬された。以後、利家の子の利長は、この地を前田家歴代の墓所と定めるとともに、宝円寺の2代住持象山を招き桃雲院を創建し、墓守役を命じたと伝えられる。

墓所には利家の妻の芳春院（まつ）や、利家以降の前田家歴代の当主の墓も設けられている。

丹羽長秀

①丹羽氏居館跡

（名古屋市西区児玉3-13-40）

尾張国春日井郡児玉村を本拠とした丹羽氏ものと推定される居館跡。天文4（1535）年に丹羽長政の次男として産まれた長秀も、この地で誕生したと考えられている。現在、居館の跡地には、何の遺構も残されていないが、丹羽氏の居館跡であることを示す石碑が設けられている。

写真提供：七種英康

②佐和山城跡

（滋賀県彦根市古沢町）

元亀2（1571）年から、天正10（1582）年6月の清須会議による所領配分まで長秀が城代を務めた城郭。鎌倉時代以来、近江国守護を務めた佐々木氏やその子孫の近江六角氏の拠点とされた城郭で、永禄年間（1558〜70）には、北近江の浅井氏の支配下に置かれたが、元亀元（1570）年の姉川の戦い後、城主である磯野員昌の降伏により織田氏の拠点となった。

後に、石田三成の居城となったために徹底的な城割を受けており、現在、城跡には石垣や曲輪、堀などの遺構の一部が残るのみとなっている。

③後瀬山城跡

（福井県小浜市伏原・男山）

天正元（1573）年、若狭一国を拝領した長秀が支配の拠点とした城郭。元々は若狭守護武田氏の本拠で、永禄11（1568）年以降、武田氏の当主元明を庇護した越前朝倉氏の手に渡ったが、天正元年、織田氏が朝倉氏を滅ぼすと、若狭国とともに織田氏の支配下に置かれることとなった。

後瀬山城は、関ヶ原合戦後、小浜城の築城に伴い廃城となったが、現在でも城跡には、石垣や堀などの遺構がそのまま残されており、国史跡に指定されている。

④安土城跡

（滋賀県近江八幡市安土町下豊浦）

丹羽長秀が普請の総奉行を担当した、天下人信長の政庁。安土山の山頂に築かれた七層の天守を中心とした同時代を代表する大規模城郭であったが、この天守は本能寺の変に伴い焼失した。

その後も、焼失を免れた部分が織田家の家督を継承した三法師（秀信）の居城として使用されたが、豊臣秀次による八幡山城築城に伴い廃城となった。近年、発掘調査に基づき、大手道周辺の復元整備がなされたが、今なお城郭の全容解明には至っていない。

⑤総光寺

（福井県福井市つくも2丁目）

勝家の死後、北庄城主となった長秀が、城下に菩提寺として建立した曹洞宗寺院。天正13（1585）年、長秀が死没すると、菩提寺であるこの寺に葬られたが、まもなく総光寺は、長秀の嫡男長重の転封に伴い移転することとなったため、長秀の墓はその跡地に設けられた宗徳寺に委ねられたという。

現在の総光寺は、江戸時代に、宗徳寺の廃絶に伴い再興されたものであるが、長秀の墓所は、長秀の死没以来同地で守られ続けてきたままであるとされている。

写真提供：加賀康之

滝川一益

①木造城跡

（三重県津市木造町）

永禄10（1567）年から翌年にかけての織田氏の伊勢出兵後に、一益が守備を任された城郭。出兵当時は、伊勢北畠氏の一族木造具政の居城であったが、一益の調略で具政が味方となり、織田氏に明け渡された。この活躍により一益は、木造城以外にも安濃津城・渋見城の守備を任されるとともに、信長の次男で北畠氏の養子となった茶筅（信雄）の後見を務め、出世の第一歩を踏み出すことになった。

現在、城跡に遺構は残っておらず、所在を示す石碑と案内板が立つのみとなっている。

②長島城跡

（三重県桑名市長島町）

天正2（1574）年、織田氏による長島一向一揆平定後に、一益が拠点とした城郭。一揆平定に際して海上からの攻撃を主導した功績により、北伊勢五郡の所領とともに一益に与えられた。以後、一益は、北伊勢五郡を領する支城領主として織田氏の領国支配の一端を担うことになる。

現在、小学校・中学校の敷地となった城跡には、石垣や堀の一部が残されるが、江戸時代の改修を経た後のものであり、一益時代の遺構かどうかはわからない。

③厩橋城跡

（群馬県前橋市大手町）

天正10（1582）年3月の武田氏滅亡後、「東国警固役」に任じられた一益が拠点とした城郭。関東における越後上杉氏の拠点であったが、城主北条高広の織田氏服属に伴い一益に引き渡された。

一益は、この城を拠点として、織田氏に服属した東国国衆の統率や東国の諸大名との外交を担っていくはずであったが、その計画は本能寺の変により崩れ去った。現在、城跡には、幕末に再建された際の石垣・土塁・堀の一部が遺構として残る。

④神流川古戦場跡

（群馬県高崎市新町ほか）

天正10（1582）年6月、本能寺の変を受けて上野国へと出兵した北条氏と、これを迎え撃つ一益が戦った神流川合戦の舞台。この合戦で北条氏に大敗を喫した一益は、旧領である伊勢に落ち延びることとなった。

現在、群馬県高崎市側の神流川沿岸に古戦場を示す石碑が建てられているほか、対岸の埼玉県上里町を含めた一帯には戦死者を葬ったとされる首塚・胴塚や、滝川軍の陣所であったことに由来するとされる地名が数多く残されている。

⑤蟹江城跡

（愛知県海部郡蟹江町）

本能寺の変後、没落の一途を辿った一益が、小牧・長久手の戦いに際し、秀吉家臣としての再起を賭けた蟹江城合戦の舞台。蟹江城は、清須城・長島城を陣所とした織田信雄・徳川家康方にとって、両城の中間に位置する要衝であり、一益が同城を奪取すると激しい攻防が展開された。

結局、一益は半月ほどで開城を余儀なくされたが、戦後、一益と子の一時には、計1万5千石の所領が与えられた。現在、城跡には、石碑と本丸に掘られた井戸のみが残る。

⑥妙心寺長興院

（京都市右京区花園妙心寺町）

一益が、妙心寺五十六世九天宗瑞を開基として創建した妙心寺の山内塔頭。創建当時は「暘谷庵」と称されたが、後に一益の女婿で同塔頭を再興した津田秀政の戒名にちなんで「長興院」に改められた。一益の死後、境内には一益の墓が設けられている。

⑦信楽寺

（島根県松江市竪町）

境内に滝川一益の墓が設けられた浄土宗寺院。一益自身とは何のゆかりもない出雲国松江に、なぜ一益の墓が作られたのかは、今なお明らかではないが、孫である滝川一積が松江にほど近い米子藩の藩主中村氏に仕えていたこと、もしくは、鳥取藩主池田氏に仕えた四男知卜斎の子孫が伯耆国橋津村に医家を営んでいたこと、との関係性が指摘されている。

佐々成政

①比良城跡

（名古屋市西区比良）

成政の生誕地と伝えられる城郭。成政の父である佐々成宗が、天文年間（１５３２～５５）に井関城（愛知県北名古屋市）に代わる新たな居城として築いたとされる。成宗から家督を相続した成政も、天正３（１５７５）年、越前国府中に所領を得て小丸城に移るまで、この城を居城としたと伝えられている。

城跡は現在、光通寺の敷地となっており、境内には城跡であることを示す石碑と成政の供養塔が建てられている。

②小丸城跡

（福井県越前市五分市町）

天正３（１５７５）年、越前国府中に所領を与えられた成政が、新たな居城として築いた城郭。成政はこの城を拠点に、柴田勝家の目付役として織田氏の越前国支配・北陸平定の一翼を担い、前田利家・不破光治と並んで「府中三人衆」と称された。

現在、城跡には本丸跡と土塁・堀の一部が残るほか、土塁からは前田利家による一向一揆弾圧の様子を記した文字瓦が発掘されている。

③佐々堤跡

（富山県富山市中番）

天正８（１５８０）年、富山城主神保長住の援軍として越中国に赴いた成政が、同国を流れる常願寺川の氾濫を防ぐために築いたと伝えられる堤防。戦国時代の堤防として著名な武田信玄の信玄堤（山梨県甲斐市竜王）と同じ、霞堤と呼ばれる形式が用いられている。

現在、堤の大部分は土砂の堆積により失われ、明治時代の常西用水開削に際して発見された一部分が、用水路の川底に顔をのぞかせるのみとなっている。

④富山城跡

（富山県富山市本丸）

天文年間（１５３２～５５）に、越中国守護代神保長職によって築かれた城郭。北陸地方を巡る織田氏と上杉氏の戦いの中、長職の子で、織田氏に従った長住が城主を務めたが、天正10（１５８２）年、家臣の上杉氏内応により長住が失脚すると、代わって越中国支配を委ねられた成政の拠点となった。以後、成政は、翌年までに親上杉氏勢力を退け、越中一国の平定を実現している。

現在、城跡は富山城址公園として整備されているが、前田氏によ

る大改修を経ているため、成政時代の城の姿はほとんどわかっていない。

⑤末森城跡

（石川県羽咋郡宝達志水町）

天正12（1584）年9月、小牧・長久手の戦いで徳川家康・織田信雄に味方した成政が、羽柴秀吉に味方する前田利家と戦った山城。利家の領国である加賀・能登を分断すべく同城を攻めた成政は、落城寸前まで追い詰めるも、最終的に撤退を余儀なくされた。

この戦いで秀吉に敵対した成政は、その後の家康・信雄と秀吉との和睦成立により、苦境に追い込まれることになる。その後、城は廃城となったが、現在も遺構の大部分が残され、県の史跡に指定されている。

⑥佐々成政剃髪趾

（富山県富山市安養坊）

天正13（1585）年、小牧・長久手の戦いでの敵対を理由として、羽柴秀吉に富山城を包囲された成政が、剃髪・出家し降伏の意志を示したと伝えられる場所。降伏を申し入れた成政は、一足先に秀吉と和睦していた織田信雄の仲介もあって、秀吉の許しを得たものの、その所領の大部分を失うことになる。

⑦磯部の一本榎

（富山県富山市安野屋町1丁目）

成政にまつわる有名な逸話である「早百合伝説」の故地。成政の側室として寵愛を受けた早百合は、不義密通の噂に激怒した成政によって、この「磯部の一本榎」の下で殺害されたと伝えられている。なお、現在故地に残る榎は、逸話に伝えられる一本榎そのものではなく、昭和20（1945）年の空襲の影響で枯れた後、落ちた種から育ったものであるという。

⑧隈本城跡

（熊本県熊本市中央区本丸1-1）

天正15（1587）年、九州征伐での功績により、肥後国一国を与えられた成政が、同国支配の拠点とした城郭。以後、成政は検地の実施を通じて領国支配の強化を目指したが、結果として検地に反発する肥後国衆らの武力蜂起を招き、失脚する。

成政時代の隈本城は、現在とほぼ同じ場所に位置したが、現在の熊本城は、成政の死後、肥後を拝領した加藤清正が形作ったものとされるため、成政時代の城の実態はほとんどわかっていない。

⑨法園寺

（兵庫県尼崎市寺町）

天正16（1588）年閏5月、成政が切腹を遂げ、墓所が設けられた寺院。同年2月、前年の肥後国人一揆蜂起の責任を問われた成政は、その釈明のため大坂へ赴く道中で、秀吉によって摂津国尼崎に幽閉され、この寺で切腹を命じられた。

現在の法園寺は、江戸時代の尼崎城築城に伴う移転を経た後のものであるが、切腹後に寺内に設けられた成政の墓は現在でも本堂内に保管されており、境内にはその複製も設けられている。

池田恒興

①小里《おり》城跡

（岐阜県瑞浪市稲津町）

天正元（1573）年以降、織田信忠の与力とされた恒興が、守備を任されていた美濃国東部の城郭。当時の小里城は、元亀3（1572）年に美濃国岩村城を支配下においた甲斐武田氏との最前線に位置しており、恒興は、鶴ヶ城の河尻秀隆とともに、武田氏への押さえを担う事となった。

写真提供：瑞浪市観光協会

現在、城跡には、戦国期段階の遺構として、曲輪や石垣などの城郭遺構のほか、「御殿場跡」と呼ばれる日常生活のための居館跡が残されており、県史跡に指定されている。

②花隈城跡

（神戸市中央区花隈町）

天正8（1580）年、織田氏と、織田氏を離反した荒木村重との最後の合戦の舞台。この時、恒興は援軍として参戦し、後に佐久間信盛譴責状で信長から賞賛されるほどの功績を挙げている。信長の乳兄弟でありながら、長年にわたり信忠与力の地位に留まっていた恒興は、この功績により摂津国の数郡を拝領し、出世への第一歩を踏み出すこととなる。現在、城跡には、石碑や模擬石垣・模擬天守が設けられているが、当時の遺構は全く残っていない。

③兵庫城跡

（神戸市兵庫区中之島）

天正9（1581）年、摂津国数郡の領主となった恒興が拠点として築いた城郭。恒興による攻略後、破却された花隈城の資材が転用されたと伝えられる。恒興はこの城を拠点に摂津国衆の統率を担ったが、天正11（1583）年に美濃大垣に加増・転封されたため、在城はわずか2年に留まった。

江戸時代初期に廃城となったため、長らくその実態は不明であったが、近年の発掘調査により戦国期の石垣や堀・馬出の跡、天守台と推測される遺構などが発見されている。

④大垣城跡

（岐阜県大垣市郭町2-52）

天正11（1583）年、賤ヶ岳の戦い後、その恩賞として美濃国を拝領した恒興が居城とした城郭。以後、恒興は岐阜城に入った長男元助、池尻城に入った次男輝政とともに美濃国支配に当たったが、翌天正12（1584）年4月、恒興と元助が長久手の戦いで戦死したため、この体制は一年足らずで変更されることになる。

現在、市街地の開発により遺構の大部分は失われているが、本丸跡に石垣の一部を、市内を流れ

る水門川に外堀の一部を確認することができる。

⑤犬山城跡

（愛知県犬山市犬山北古券65-2）

天正12（1584）年の小牧・長久手の戦いで秀吉方の最前線拠点とされた城郭。当初、家康・信雄に味方するとみられていた恒興は、天正12年3月、突如として信雄の支配下にあった犬山城を奪取し、秀吉に味方する事を表明した。

秀吉はこのとき、恒興の母に自筆の書状を出して、恒興の手柄を賞するとともに、恩賞給与を約束している。現在に至るまで、戦国時代に建造され現存最古とされる天守のほか、石垣・土塁などの遺構が残されている。

⑥長久手古戦場跡

（愛知県長久手市武蔵塚）

天正12（1584）年4月9日、恒興が家康の軍勢と戦って討ち死にした長久手の戦いの舞台。この時、二人の息子とともに出陣した恒興は、家康の家臣である永井直勝によって討ち取られたといわれ、嫡男の元助も戦死している。

恒興の死後、池田氏の家督と大垣城主の地位は、一人生き残った輝政に継承されることになった。現在、古戦場は国史跡の古戦場公園として整備され、園内には池田恒興の勝入塚をはじめとして、戦死した武将の塚が設けられている（郷土資料室は、2022年リニューアル予定）。

⑦妙心寺盛岳院

（京都市右京区花園妙心寺町）

池田輝政が祖母養徳院、父恒興の菩提を弔うために創建した妙心寺の塔頭。恒興の戦死後、その遺体は一度遠江国新居（静岡県湖西市）に葬られたが、その後、盛岳院の創建に伴い、同寺内に設けられた墓所に改葬されたと伝えられる。現在、盛岳院は、別の塔頭である慈雲院に併合され消滅しているが、恒興及び養徳院の墓所はそのまま残され、慈雲院によって管理されている。

⑧龍徳寺

（岐阜県揖斐郡池田町本郷1343-1）

摂津池田氏から分出し、美濃国池田郡に移り住んだ美濃池田氏の菩提寺で、小牧・長久手の戦いで戦死した恒興・元助や、その家臣の墓が存在する。寺内にはこの他、恒興の父とされる池田恒利の戒名を記した五輪塔が存在しており、この事は恒興の出自を美濃池田氏とする説の有力な根拠となっている。

⑨勝入寺

（鳥取県倉吉市仲之町746）

慶長5（1600）年、姫路藩主池田家の家老であった伊木忠次が、かつての主君である恒興の追善供養のために創建した寺院。「勝入寺」の寺号は恒興の入道名である「勝入斎」に由来する。

当初は、姫路藩における忠次の居城三木城に設けられたが、その後、池田家が鳥取へ転封されたのに伴い、現在地へ移転した。一方姫路藩時代の勝入寺も、「正入寺」と名を改め存続しており、本堂内には恒興の位牌が祀られている。

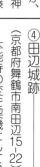

細川藤孝

①一乗谷

（福井県福井市城戸ノ内町）

越前国の戦国大名朝倉氏の本拠。永禄8（1565）年、将軍足利義輝が殺害された永禄の変の後、その弟の覚慶（足利義昭）を保護した藤孝は、永禄11（1568）年まで、朝倉氏の支援を得て一乗谷に滞在している。藤孝は、この地において将軍家再興に向けて奔走する中で、明智光秀と出会ったと伝えられている。

現在、一乗谷一帯は国史跡として整備されており、朝倉氏が覚慶を迎えた安養寺やその隣に設けられた御所の跡も、発掘調査に基づき復元されている。

②勝竜寺城跡

（京都府長岡京市勝竜寺13-1）

元亀2（1571）年以降、藤孝が城主を務めた織田氏の軍事拠点。城主となった藤孝は、信長の指示に基づき城の大改修を行っている。また、元亀4（1573）年に足利義昭の下を離れて信長に従った後は、所領として勝竜寺城城下の西岡を与えられており、以後、藤孝は信長家臣として活動していくことになる。

現在、城跡は本丸部分を中心に公園として整備されているほか、その北東に位置する神足神社の境内には、藤孝によって築かれた土塁・堀跡が残る。

③宮津城跡

（京都府宮津市鶴賀）

天正8（1580）年、丹後平定の功により、同国支配を任された藤孝が築いた城郭。それまで同国を支配していた一色氏の八幡山城に代わる新たな支配拠点として築かれたが、天正10（1582）年6月、本能寺の変が起こると、藤孝は家督を嫡男忠興に譲り田辺城に隠居したため、藤孝の在城はわずか2年ほどの期間に留まっている。

現在、小学校に移築された江戸時代の城門を除き、城郭の遺構は消失しており、城郭の所在を示す石碑が残されるのみとなっている。

④田辺城跡

（京都府舞鶴市南田辺15-22）

本能寺の変を契機として、出家し家督を嫡男忠興に譲った藤孝が、隠居所として築いた城郭。以後、一貫して出家・隠居した藤孝（幽斎）の居城として用いられ、慶長5（1600）年の関ヶ原合戦に際しては、この城に籠城した幽斎が、攻めてきた西軍の軍勢を2ヵ月に渡って釘付けにしたと伝

えられている。

現在、城跡は史跡公園として整備されており、江戸時代の櫓・門などが復元されているほか、幽斎の田辺城籠城にまつわる古今伝授の碑が存在する。

⑤南禅寺天授庵

（京都市左京区南禅寺福地町86-8）

南北朝期に、光厳天皇の勅許により虎関師錬が創建した南禅寺の塔頭。応仁の乱により荒廃していたところを、慶長7（1602）年に、藤孝が細川家の菩提所として再興した。

現在、境内には、藤孝によって再興された正門・方丈が当時のままに現存するほか、藤孝夫妻をはじめとする細川家歴代当主の墓所が設けられている。

⑥大徳寺高桐院

（京都市北区紫野大徳寺73-1）

慶長7（1602）年、藤孝の嫡男である忠興が父の菩提所として創建した大徳寺の塔頭。忠興は、その死後、遺言により自身の歯を同寺に埋葬するよう指示したとされ、以後、細川氏の菩提寺の一つとなった。境内には、藤孝をはじめとする細川家歴代当主の墓所が設けられている。

⑦泰勝寺跡

（熊本市中央区黒髪4丁目）

肥後国熊本藩主細川氏の菩提寺。藤孝の嫡男忠興が豊前国小倉藩主時代に、父の追善のために泰勝院を創建したのに始まる。細川氏の熊本移封後、忠興が隠居所である八代に同寺を移転する一方、熊本城下にも泰勝院が設けられ、後にこれらが統合されて泰勝寺となった。

その後、明治時代の廃仏毀釈に伴い廃寺とされ、跡地は細川氏の別邸となったが、藤孝をはじめとする細川氏歴代当主の墓所は、現在までそのまま残されている。

写真提供：小林かなこ

⑧古今伝授の間

（熊本市中央区水前寺公園8-1）

慶長5（1600）年、藤孝が、後陽成天皇の弟にあたる八条宮智仁親王に古今伝授を行った建物。智仁親王は、藤孝の和歌の弟子であり、藤孝の田辺城籠城に際し、藤孝と西軍の間の講和実現に奔走したと伝えられる。

現存する建物は、藤孝から親王への古今伝授が行われた八条宮家本邸の建物が、細川氏への寄贈を経て、大正元（1912）年に、細川氏の庭園である現在地に移築・再建されたもので、県の重要文化財に指定されている。

信長政権の藩屏《はんぺい》となった名脇役たち

織田家臣団人物事典

尾張国の地域権力に過ぎなかった織田家だが、信長の代に飛躍的な発展を遂げる。支配地が急速に拡大すると、統治機構の質的、量的な拡充が求められ、大量の家臣が召し抱えられるようになる。その結果、織田家には実に多彩な人材が集まり信長の天下一統の支えとなった。ここからは本編でご紹介できなかった織田家のバイプレイヤーたちの生涯をご紹介する。

文・柴 裕之

荒木《あらき》村重《むらしげ》

官途ははじめ信濃守、のち織田家のもとで摂津守を称す。摂津国衆・池田氏の宿老にあり、「池田信濃守村重」を名乗った。池田氏は、はじめ室町幕府将軍足利義昭・織田信長に付いたが、のち将軍義昭・信長と敵対し、村重も反将軍義昭・信長方にあった。元亀4・天正元（1573）年2月に将軍義昭と信長が敵対すると、信長に味方し従う。

信長は摂津一国の管轄を任せ、村重はそのもと摂津国の平定を進め、やがて有岡城（兵庫県伊丹市）を居城に同城に属す地域（有岡領）の支配と、高山氏や中川氏ら国衆を統率する。さらには、織田家に従属を示した備前浦上宗景の救援や御着小寺氏ら播磨国衆の統制にも携わっていく。

その一方で、大坂本願寺攻めにあたるが、安芸毛利氏との戦争が開始されると、羽柴秀吉が中国地方方面の担当を務めることになり、村重の立場は後退していく。このことに、織田家内における自身の立場低下という危機と荒木家の将来の不安を感じたのか、天正6（1578）年10月、織田家に離反を示し、将軍義昭・安芸毛利氏や大坂本願寺に通じる。この事態に信長は説得にあたるが応じず、有岡城は織田勢に攻囲されることになる。

その後、天正7（1579）年9月2日、有岡城を出て尼崎城（兵庫県尼崎市）に移るが、離反から1年8ヵ月にわたる織田勢との攻防戦を経て、天正8（1580）年7月に安芸毛利氏のもとに退去した。この間の天正7（1579）年12月、有岡開城により捕らわれた村重の妻ら一族は、信長の指示により京都六条河原にて殺害されている。本能寺の変後は畿内に戻って、「道《どう》薫《くん》」と名乗り、羽柴秀吉に仕えた。天正14（1586）年5月4日に死去。享年は52と伝わる。

安藤《あんどう》守就《もりなり》

美濃三人衆の一人。官途は伊賀守。のちに出家し、法名道足《どうそく》を名乗る。美濃斎藤氏の重臣で、美濃北方城（岐阜県北方町）の城主。美濃斎藤氏が名字を一色氏に改めた際に、伊賀を名字とした。天文23（1554）年正月、駿河今川氏との戦争にあたり、斎藤道三より派遣され、織田信長出陣中の尾張那《な》古《ご》野《や》城（愛知県名古屋市中区）の留守居を任される。
その後も、美濃一色（斎藤）氏の宿老としてあり、永禄7（1564）年2月、娘婿の竹中重治に応じ美濃稲葉山城（岐阜県岐阜市）を奪い取ることに協力したが、その後返還。そして永禄10（1567）年8月には、稲葉良通・氏家直元と信長に従い、織田氏による美濃平定をもたらした。
天正8（1580）年8月、信長に敵対する甲斐武田氏に通じたとして、織田家から追放される。天正10（1582）年6月2日の本能寺の変後、惟任（明智）勢に応じ、旧領回復を図ろうとしたが、8日に稲葉氏の攻撃を受け敗死した。享年は80と伝わる。

稲葉良通《いなばよしみち》

美濃三人衆の一人。官途は伊予守。のちに出家し、法名一鉄《いってつ》を名乗る。美濃曽根城（岐阜県大垣市）の城主で、美濃斎藤氏に従った。美濃斎藤氏が名字を一色氏に改めた際に、新治を名字とした。
永禄10（1567）年8月に美濃一色（斎藤）氏を離反し、安藤守就・氏家直元とともに織田信長に従う。その後、嫡男の貞通に家督を譲ったのか、永禄12（1569）年6月7日、信長から貞通に良通の所領分が認められている。しかしながら、良通はその後も伊勢攻めや近江国内をはじめ各地の戦争に従軍、天正7（1579）年に貞通に曽根城を譲り清水城（岐阜県揖斐川町）に移るまで稲葉家を主導した。天正10（1582）年6月2日の本能寺の変後、惟任（明智）勢に応じて旧領回復を図ろうとした安藤守就を討つ。
その後、羽柴秀吉に従い、天正11（1583）年4月の賤ヶ岳の戦い後、美濃岐阜城主となった池田氏と所領を争うが、11月13日に秀吉による解決がおこなわれ、稲葉氏は4万86貫700文の所領を支配することになる。翌年の小牧・長久手の戦いでは秀吉に従い、尾張岩崎城（愛知県日進市）を貞通、孫の典通と守衛する。
天正14（1586）年9月21日には、秀吉から隠居・良通の所領として6447貫文の所領が認められた。天正16（1588）年11月19日、74歳にて死去した。

氏家直元《うじいえなおもと》

美濃三人衆の一人。官途ははじめ三河守のち常陸介。もとの名字は桑原であったが、美濃斎藤氏が名字を一色氏に改めたのに伴い、氏家を名字とした。美濃一色（斎藤）氏の宿老の一人で美濃大垣城（岐阜県大垣市）の城主にあったが、永禄10（1567）年8月に稲葉良通・安藤守就と織田信長に従う。
なお、この時以前には出家しており、法名「卜全《ぼくぜん》」を称していた。その後、伊勢攻めや近江国内での戦争に従軍。元亀2（1571）年5月、伊勢長島一向一揆攻めに従軍するが、12日に織田勢が退却の際、一揆方の攻撃を受け、討ち死にした。

太田牛一《おおたうしかず》

称は又介、のち官途として和泉守を称す。初名は信定。尾張国安食《あじき》村（愛知県名古屋市北区）の出身。幼少の頃より尾張成願《じょうがん》寺《じ》（同前）に入寺していたが、還俗して尾張守護・斯波氏の家臣となった。
その後、織田信長に仕え、弓衆となる。また信長の上洛後は、重臣の丹羽長秀のもとで、山城賀茂別雷神社（上賀茂神社、京都府京都市北区）の担当を務め、同社の運営維持や競馬《くらべうま》などの行事執行に関わった。本能寺の変後は丹羽家のもとにいたが、その後羽柴秀吉に仕え、検地奉行や代官を務めるなど活動する。

秀吉死後は引き続き後継の秀頼の家臣としてあり、そのなかで信長の一代記である『信長公記』などの著作をまとめる。慶長18（1613）年に87歳にて病死した。

大津長昌《おおつながまさ》

通称は伝十郎。初名は長治。織田信長の馬廻衆で、永禄12（1569）年正月19日、山城南禅寺（京都府京都市左京区）の塔頭竜華院領の年貢・地子銭をめぐる相論の判決を伝えたのが初見。その後、戦場を視察する検使《けんし》や陸奥伊達氏との外交に活動した。

天正7（1579）年3月の摂津有岡城攻めでは、摂津高槻城（大阪府高槻市）の城番を務めるが、病を押しての従事であったことにより、同月13日に死去した。

金森長近《かねもりながちか》

通称は五郎八。のちに出家して素玄と号し、兵部卿法印となる。実名長近の「長」の一字は織田信長からの拝領である。信長の馬廻衆。天正3（1575）年5月、長篠の戦いの時は、徳川家宿老の酒井忠次の部隊に付けられ、鳶ヶ巣砦（愛知県新城市）を攻撃し活躍する。8月の越前一向一揆討伐では、原政茂《まさしげ》とともに越前国大野郡を平定し、戦後に信長から大野郡内3分の2を与えられた。

また、柴田勝家の軍事指揮下に属し越前衆として活動していく。天正10（1582）年2月の甲斐武田氏討伐では、飛騨方面からの侵攻を担当した。天正11（1583）年4月の賤ヶ岳の戦い後は、羽柴秀吉に従い、天正13（1585）年8月に飛騨国を攻め、三木氏を降す。翌年、秀吉から飛騨国を与えられる。

秀吉の死後は、徳川家康に従い、慶長5（1600）年9月の関ヶ原戦い後に養嗣子・可重《よししげ》とともに功を賞されて、2万石を加増のうえ、引き続き飛騨国を支配した。慶長13（1608）年8月12日、84歳にて死去した。

兼松正吉《かねまつまさよし》

通称は又四郎。織田信長の馬廻衆。尾張国嶋村（愛知県一宮市）を本地とし、信長からは美濃・近江両国でも知行を得た。天正元（1573）年8月の越前朝倉氏との越前・近江国境における戦闘で活躍を果たし、信長から足袋を与えられる。この時の足袋は、現在も伝来している。

信長の死後、織田信雄《のぶかつ》、羽柴秀次、羽柴秀吉、松平忠吉《ただよし》、徳川義直《よしなお》に仕え、寛永4（1627）年9月5日に86歳にて死去した。法名は英公。

蒲生賢秀《がもうかたひで》

官途は左兵衛大夫。近江日野城（滋賀県日野町）の城主で、戦国大名六角氏の重臣として活動した。実名の一字「賢」は、六角義賢《よしかた》（承禎《じょうてい》）からの偏諱《へんき》である。永禄11（1568）年9月、織田信長の近江侵攻に際して、織田家に従属を示し、嫡男の鶴千代（賦秀《ますひで》、のちの氏郷《うじさと》）を人質に差し出す。その後、人質となった鶴千代は、信長の娘婿となり、元服し忠三郎賦秀を名乗る。

元亀元（1570）年5月15日に、信長から賢秀・賦秀父子は所領の領有保証を得るとともに、5500石余の加増を受ける。その後、賢秀・賦秀父子は各地の織田氏に敵対する勢力との戦争に従軍する。天正10（1582）年5月29日、信長から上洛中の近江安土城（滋賀県近江八幡市）の二の丸番衆を務めるよう命じられる。

ところが6月2日に本能寺の変が起き、惟任（明智）勢の進軍を受け、賢秀は信長の妻子を引き連れて日野城に退去し守備を固め、惟任光秀には不服従の態度を示した。光秀敗死後は、嫡男の賦秀に家督を譲り、天正12（1584）年4月17日に51歳にて死去した。

河尻秀隆《かわじりひでたか》

通称は与兵衛尉。実名秀隆の「秀」の一字は、織田信秀よりの偏諱と思われる。信秀以来の家臣で、織田信長の馬廻衆として活躍した。元亀2（1571）年2月の近江佐和山城（滋賀県彦根市）の開城後、同城の城将として丹羽長秀とともに活動する。その後、信長の嫡男・信忠に付き従う宿老に据えられ、東美濃方面の守衛を担当し、天正3（1575）年11月の美濃岩村城（岐阜県恵那市）の攻略後は、同城の城将を務めた。

天正10（1582）年2月にはじまった甲斐武田氏攻めでは、信忠の補佐役として軍勢を統率し活動する。武田氏滅亡後は、甲斐国（穴山信君《のぶただ》の河内《かわうち》領を除く）と信濃国諏訪郡の支配を任された。しかし、本能寺の変による混乱のなか甲斐国内で一揆が起こり、6月14日には徳川家康から事態の解決のために本多忠政が遣わされたが、帰国を勧める忠政の真意を疑い殺害してしまう。この結果、翌15日に一揆勢の襲撃を受け殺害された。享年は56と伝わる。

九鬼嘉隆《くきよしたか》

官途は右馬允、のち大隅守。志摩国の国衆九鬼氏の一族。伊勢国へ勢力を伸ばす織田信長や伊勢北畠家を継いだ信長の二男・信雄と手を結び、九鬼家を主導し志摩国衆を率い、水軍として活動する。天正6（1578）年、大船6艘を建造のうえ、7月より大坂本願寺を海上封鎖し、11月6日に摂津国木津川口（大阪府大阪市）にて安芸毛利氏の水軍と戦い功をあげる。

また、天正8（1580）年の摂津花隈城（兵庫県神戸市中央区）の戦闘でも活躍し、信雄からその働きを賞されている。天正10（1582）年6月の本能寺の変後は羽柴秀吉に従い、天正12（1584）年の小牧・長久手の戦いでは、かつて従っていた織田信雄方の軍勢と戦う。以後も、九州や関東、朝鮮での戦争に水軍を率いて参戦した。慶長2（1597）年、嫡男の守隆に家督を譲る。

慶長5（1600）年には石田三成ら反徳川勢力に従い、徳川方に付いた守隆を追い志摩鳥羽城（三重県鳥羽市）に籠城するが、関ヶ原の敗戦を受け志摩国答志島（同前）に逃れ、10月12日に自刃した。享年は59。

楠木正虎《くすのきまさとら》

もとは大饗《おおあえ》長左衛門尉を名乗る松永久秀の家臣で、右筆（書記官）や奏者として活動をした。永禄2（1559）年11月に久秀の朝廷への執り成しにより、先祖・楠木正成の朝敵赦免を得たうえで楠木名字となり、12月19日には受領名・河内守に任官した。永禄6（1563）年2月23日には、従四位下となる。永禄8（1565）年には出家し法名道二を名乗り、のちに長諳《ちょうあん》と改める。
その後、織田信長に仕え、右筆や奏者として活動した。天正4（1576）11月13日には、法印に叙され、以後「式部卿法印」と称す。天正8（1580）年8月、松井友閑らと宿老・佐久間信盛のもとに遣わされ、追放を通達している。信長死後は、羽柴秀吉に仕え、文禄5（1596）年正月11日に77歳にて死去した。

坂井政尚《さかいまさひさ》

官途は右近尉。織田家重臣。永禄11（1568）年9月、足利義昭に従い織田信長が上洛した際、柴田勝家・蜂屋頼隆・森可成とともに、石成友通《いわなりともみち》が籠もる山城勝竜寺城（京都府長岡京市）を攻略する。その後、足利義昭政権が発足すると、佐久間信盛・柴田勝家・蜂屋頼隆・森可成と畿内における軍事活動や治安維持に従事した。
その後、越前朝倉・近江浅井両氏との戦争に従軍、元亀元（1570）年11月、近江国堅田（滋賀県大津市）の猪飼野昇貞《いかいののぶさだ》らを味方とし、26日に越前朝倉勢の攻撃に奮戦するが、戦死した。

島田秀満《しまだひでみつ》

通称は所助、弥右衛門尉、官途は但馬守。初名は秀順《ひでより》。「秀」の一字は、織田信秀よりの偏諱と思われる。尾張国時代から織田信長のもとで村井貞勝とともに活動がみられる。永禄12（1569）年2月、室町幕府将軍足利義昭の京都二条御所の造営を村井貞勝とともに担当する。京都の政務執行に携わり、元亀元（1570）年9月には山城国内の寺社に対し公武用途の米を徴し、翌10月には京都内の町に禁裏賄料として貸し付けを、明智光秀や塙直政らとともにおこなった。
また、元亀3（1572）年3月には信長の京都屋敷の造営を村井貞勝とともに勤める。元亀4・天正元（1573）年2月、将軍義昭と信長が対立すると、朝山日乗・村井貞勝とともに将軍義昭との和談の使者として派遣されるが、将軍義昭と信長との関係は決裂した。その後、京都の政務からは離れ、その活動はみられなくなっていく。

菅屋長頼《すがやながより》

幼名は長。通称は九右衛門尉。初名は長行。織田信長の馬廻衆で、のちに同衆を統率する一人にあった。各地の戦場に参陣する一方、越前織田剣神社（福井県越前町）の担当、天正7（1579）年5月の安土宗論では敗れた日蓮宗側から詫証文を受理するなどの政務にも活動した。
天正8（1580）年8月頃から能登国の政務にあたり、翌年3月には能登七尾城（石川県七尾市）の城代を務めて、能登国内の所領処理や諸城の破却など統治整備にあたった。
その後、10月に前田利家が能登国に移封されると、長頼は信長から利家の旧領・越前国府中（福井県越前市）を所領として与えられた。天正10（1582）年5月、信長の上洛に供奉。6月2日の本能寺の変では、織田信忠が籠もる京都二条御所（京都府京都市中京区）にて、惟任（明智）勢との戦闘で戦死した。

武井夕庵《たけいせきあん》

官途は肥後守。出家し夕庵爾云《じうん》また妙云を名乗る。美濃一色（斎藤）氏の家臣であったが、その後織田信長に仕えた。信長の信任が厚く右筆・奏者として活動する傍ら、安芸毛利氏をはじめ各地の大名・国衆との外交交渉にも携わった。

天正3（1575）年7月以降、二位法印と称す。天正9（1581）年2月に京都で行われた馬揃えに、70余歳ながら山姥の姿で参加。しかしながら、信長死後は、活動がみられなくなり、天正19（1591）年8月3日に死去したと伝わる。

筒井順慶《つついじゅんけい》

大和筒井城（奈良県大和郡山市）を拠点とした国衆で、興福寺一条院衆徒《しゅと》。天文18（1549）年生まれ。幼名は藤勝。翌年、父の筒井順昭の病気・死去により筒井家の家督を継ぐ。永禄2（1559）年8月、松永久秀の大和侵攻に筒井城を追われ、以後松永氏との抗争が続く。このなかで、永禄9（1566）年6月に筒井城を奪還する。

永禄11（1568）年10月に足利義昭政権が発足し、松永久秀に大和国の支配が認められると、松永勢の攻勢に筒井城は陥落する。その後、将軍義昭に近づき、元亀2（1571）年7月には松永勢を破り筒井城を取り戻す。元亀4・天正元（1573）年2月、将軍義昭と織田信長が対立すると、信長に従い、天正3（1575）年2月27日には信長の娘と婚姻する。翌年4月に大和国衆を率いる軍事指揮官にあった原田直政が戦死すると、信長から大和国衆を統率することを任された。

その後、天正5（1577）年10月に松永氏が滅亡し、天正8（1580）年8月に大坂本願寺が開城すると、織田氏によって筒井城ほか諸城の破却と所領処理の統治整備がおこなわれ、そのうえで大和国統治者として大和郡山城（奈良県大和郡山市）に入る。惟任（明智）光秀の政治的・軍事的配下（与力）にあったが、天正10（1582）年6月2日の本能寺の変後は光秀には従わず、羽柴秀吉に通じる。その後、秀吉に従い活動するが、天正12（1584）年の小牧・長久手の戦いの最中に病を患い、8月11日に36歳にて死去した。

中川重政《なかがわしげまさ》

通称は八郎右衛門尉。織田氏一族の出身で織田信長の馬廻衆。永禄11（1568）年10月に足利義昭政権が発足すると、木下秀吉・明智光秀・丹羽長秀らと畿内支配に携わる。元亀元（1570）年5月、京都と美濃国の往還を確保するために、近江安土城（滋賀県近江八幡市）に城将として据えられる。

だが、元亀3（1572）年8月、弟の津田盛月が領土争いから長光寺城（近江八幡市）の城将・柴田勝家の代官を殺害し、重政・盛月兄弟は改易となる。その後、重政は出家し「土玄」を称し、遠江国に赴くが、翌年に信長の赦しを得る。天正7（1579）年10月の津田宗及が主催した茶会に参加。その後、活動は史料上では確認できない。子孫は加賀前田家に仕えた。

西尾吉次《にしおよしつぐ》

通称は小左衛門尉。織田信長に仕え、徳川氏の対交渉役（取次《とりつぎ》）を担当する。天正

8（1580）年12月、信長よりの検使として徳川氏による遠江高天神城（静岡県掛川市）の攻囲陣を視察し、翌年12月には甲斐武田氏の討伐に備え、兵粮を遠江牧野城（静岡県島田市）に運搬する。

天正10（1582）年6月、徳川家康を和泉国堺（大阪府堺市堺区）で饗応中、本能寺の変にあい、家康と帰路の行動をともにし、以後は家康の家臣となる。慶長4年（1599）10月3日、従五位下隠岐守となる。関ヶ原合戦時には、徳川方諸将への取次として活動し、慶長10（1605）年9月15日には山城伏見城（京都府京都市伏見区）の御広間御番を務める。慶長11（1606）年8月26日に77歳にて死去した。

長谷川秀一《はせがわひでかず》

通称は竹、のち藤五郎。織田信長の近習で、菅屋長頼・矢部家定・福富秀勝・堀秀政と馬廻衆を統率する一人にもあった。信長の奏者や検使、直轄地の代官として活動する。天正10（1582）年5月、徳川家康が近江安土城に御礼に訪れた後、摂津国大坂や和泉国堺を訪れると、案内役を務めた。ところが6月2日に本能寺の変が勃発すると、秀一は家康に同行して逃避する。

その後、羽柴秀吉に従い、天正13（1585）年閏8月、越前東郷城（福井県福井市）の城主となる。翌年には従四位下侍従となり羽柴名字と豊臣姓を与えられ、「羽柴東郷侍従」として九州や関東、朝鮮での戦争に従軍する。文禄3（1594）年2月に朝鮮で死去したという。

蜂屋頼隆《はちやよりたか》

官途は兵庫助。美濃国出身といわれるが、早くから織田信長に仕えた。永禄11（1568）年9月、足利義昭に従い信長が上洛した際、柴田勝家・森可成・坂井政尚と、石成友通が籠もる山城勝竜寺城を攻略する。足利義昭政権の発足後は、佐久間信盛・柴田勝家・森可成・坂井政尚とともに畿内における軍事活動や治安維持にあたった。

その後、各地の戦場に参陣する。天正8（1580）年8月の大坂本願寺開城後は大坂に滞在し、その後和泉岸和田城（大阪府岸和田市）に入り、天正10（1582）年6月には四国渡海に備えていた。ところが本能寺の変が起き、四国渡海は頓挫。その後、頼隆は羽柴秀吉に仕え、翌年4月の賤ヶ岳の戦い後は越前敦賀城（福井県敦賀市）の城主となり、受領名・出羽守を名乗る。

天正13（1585）年10月、従五位下侍従、翌年6月には従四位下に昇進、天正16（1588）年8月以前に少将となり、このなかで羽柴名字と豊臣姓を与えられた。天正17（1589）年9月25日に死去、享年は56と伝わる。

林《はやし》 秀貞《ひでさだ》

通称は新五郎、官途は佐渡守。織田弾正忠家の筆頭宿老で、実名の一字「秀」は織田信秀からの偏諱と思われる。信秀が嫡男信長に尾張那古野城を譲った際に、平手政秀らとともに信長付きの家臣となる。天文23（1554）年4月、信長が尾張清須城に移り、代わって那古野城に入った信長の叔父信光が同年11月に殺害されると、那古野城の城主となる。

しかしながら、その後に弟の美作守や柴田勝家とともに信長の弟信成《のぶなり》（初名は信勝）を擁して信長と対立、弘治2（155

6）年8月24日に稲生（愛知県名古屋市西区）にて信長勢と戦うが敗北する。戦後、信長に赦され、以後も信長のもとで織田家宿老として、公家との折衝や大名外交に活動をみせる。ところが天正8（1580）年8月17日、かつて叛逆したことから信長によって追放され、南部但馬と称して京都に住み、同年10月15日に68歳にて死去したという。

原田《はらだ》直政《なおまさ》

最初の名字は塙《ばん》。通称は九郎左衛門尉、初名は正勝。織田信長の馬廻衆として活動し、永禄11（1568）年10月に足利義昭政権が発足すると、織田家奉行人の一人として京都およびその周辺支配の実務にも携わる。天正2（1574）年5月、山城槇島城（京都府宇治市）の城将となり、山城国南部をその軍率下に置く。

さらに、翌年3月には大和国の軍事担当者の立場も兼ね、同国の諸将を率いることになる。同年5月21日の長篠の戦いでは、鉄砲衆を率い活動した。また7月3日には、信長から宿老の一人として原田の名字を与えられるとともに、備中守となり、「原田備中守直政」と名乗る。天正4（1576）年4月、大坂本願寺・一向一揆が再蜂起すると、織田勢の一将として大坂本願寺を攻撃したが、5月3日に摂津国天王寺（大阪府大阪市天王寺区）での合戦にて戦死した。

平手《ひらて》政秀《まさひで》

官途は中務丞。織田弾正忠家の宿老。織田信秀を支え、外交での活動にその名がみられる。その後、信秀から尾張那古野城を譲られた嫡男信長の家臣として付けられ、信長を支えていく。天文17（1548）年に敵対する織田大和守家・美濃斎藤道三との和睦に従事し、その結果、信長に道三の娘が嫁ぐ。

しかしながら、信秀の死後に家督を継いだ信長と長子・五郎右衛門とが駿馬をめぐり対立して不和となったうえ、信長のこれまでの不行跡を悔やみ、天文22（1553）年閏正月13日に自刃した。享年は62と伝わる。

福富《ふくずみ》秀勝《ひでかつ》

通称は平左衛門尉。織田信長の馬廻衆、のちに同衆を統率する一人にあった。信長に従い参陣するとともに、奏者や検使として活動した。天正3（1575）年5月21日の長篠の戦いでは、鉄砲奉行として活躍。天正5（1577）年6月の近江安土山下町宛の信長掟書では、同町の治安を木村次郎左衛門尉とともに担う存在としてみえる。

天正10（1582）年5月、信長の上洛に供奉。6月2日の本能寺の変では、織田信忠が籠もる京都二条御所に駆けつけ、惟任（明智）勢との戦闘で戦死した。

不破《ふわ》光治《みつはる》

官途は河内守。美濃斎藤氏の重臣、その後織田信長の家臣となり、上洛戦をはじめ戦場に従軍している。天正3（1575）年8月の越前一向一揆の討伐に従軍し、戦後に佐々成政・前田利家とともに、越前国府中（福井県越前市）に配され同所に属す二郡を支配した。

府中二郡の支配にあたり、光治は龍門寺城（福井県越前市）を居城としたという。

また、柴田勝家の軍事指揮下に属し、越前衆として活動していく。天正8（1580）年12月14日に死去したと伝わる。

別喜《べつき》（簗田《やなだ》）広正《ひろまさ》

通称は左衛門太郎。簗田氏は、尾張国九《くの》坪《つぼ》（愛知県北名古屋市）を本地とし、父の出羽守に引き続き、織田信長の馬廻衆として仕えた。その後、信長の嫡男・信忠に属す尾張衆の一人として活動したが、天正3（1575）年7月3日に、信長から宿老の一人として別喜の名字を与えられるとともに、官途として右近大夫を得る。

8月には越前一向一揆の討伐に従軍し、加賀国南部（江沼・能美両郡）も織田氏に属すと、加賀大聖寺城（石川県加賀市）に城将として据えられる。しかしながら翌年、加賀一向一揆の攻勢に同国内の所領を維持できず、失脚。九坪に戻り、尾張衆の一員に戻る。天正7（1579）年6月6日に死去したと伝わる。

堀《ほり》 秀政《ひでまさ》

通称は久太郎。織田信長の近習で意思伝達を担う奏者を務める一方、馬廻衆として戦場で活動し、のちには同衆を統率する一人にあった。天正9（1581）年3月には和泉国の知行改を担当し指出《さしだし》を徴するが、槇尾寺（大阪府和泉市）が従わなかったために同寺を囲んだうえ、5月には惟住（丹羽）長秀、蜂屋頼隆ら諸将と焼き払った。

天正10（1582）年5月、備中高松城（岡山県岡山市）を囲む羽柴秀吉のもとへ使者として派遣されていた間に本能寺の変が起こる。これを受け、秀吉とともに畿内へ帰還するとともに、山崎の戦いで惟任（明智）勢と戦った。戦後、織田家当主となった三法師の傅役を務めるとともに、近江国坂田郡内の織田家直轄地の代官となる。

また、秀吉との関係を強めていき、羽柴名字を与えられる。天正11（1583）年4月の賤ヶ岳の戦い後は、近江佐和山城の城主となり、官途名・左衛門督を名乗る。翌年の小牧・長久手の戦いにも秀吉方として従軍、天正13（1585）年閏8月13日には秀吉から越前北庄城（福井県福井市）の城主として、溝口秀勝・村上義明を与力《よりき》に従え、29万石余を与えられた。翌年正月には従五位下侍従となり、天正16（1588）年4月以前に従四位下に昇進する。その一方で、九州や関東へ従軍するが、天正18（1590）年5月27日に相模小田原（神奈川県小田原市）の陣中にて38歳で死去する。法名は道哲。

松井《まつい》友閑《ゆうかん》

その出自ははっきりとしないが、はやくから織田信長に仕えていたようだ。永禄12（1569）年5月頃、信長の命により丹羽長秀とともに京都上京の町人から名物を差し出させ、永禄13（1570）年3月にも堺での名物収集に携わる。信長の信任厚く近臣として奏者や寺社奉行を務め、越後上杉氏や陸奥伊達氏、豊後大友氏らとの外交交渉にも携わった。また和泉国堺（大阪府堺市堺区）の代官を務め、堺の町衆との交流を通じ同地の掌握と支配運営にあたった。

天正3（1575）年7月3日、宮内卿法印となり、同年10月には三好康慶とともに大坂本願寺との講和に携わる。翌天正4（1576）年4月、大坂本願寺との講和は破断するが、天正8（1580）年の大坂本願寺との講和にも宿老・佐久間信盛とともに携わり、8月には開城させた。天正9（1581）年2月28日に京都で開催された馬揃えには「坊主衆」の一人として参加、翌年5月には信長のもとに「御礼」訪問したのち堺見物に赴いた徳川家康をもてなしている。

信長死後も、羽柴秀吉のもとで堺代官を務めたが、天正14（1584）年6月14日に「曲事」を理由に罷免された。その後、文禄2（1593）年10月29日に京都聚楽第で秀吉主催の能を観覧したのを最後に史料から姿を消す。

万見重元《まんみしげもと》

通称は仙千世。織田信長の近習にあり、意思伝達を担う奏者や検使として活動した。また天正6（1578）年8月15日には、近江国安土で開催された相撲会の奉行を務めた。同年10月、摂津有岡城主の荒木村重が離反した際、説得に派遣されるが、村重は応じなかった。その後、有岡城攻めに参陣するが、12月8日の同城攻撃のなか戦死する。

水野信元《みずののぶもと》

尾張国知多郡の国衆で、刈屋《かりや》城（愛知県刈谷市）の城主。官途は下野守。尾張小河城（愛知県東浦町）の小河水野忠政の嫡で、天文12（1543）年7月の忠政死後、小河水野家の当主となり、その直後に父以来の三河松平氏との親交路線を改め、尾張織田氏に従属する。なお妹は、松平広忠に嫁いだ於大《おだい》（伝通院《でんつういん》）であり、徳川家康は甥にあたる。

永禄3（1560）年5月の桶狭間の戦い後、居城を刈屋城に移し、三河岡崎城（愛知県岡崎市）に戻った徳川家康と戦うが、その後織田信長との和議を担い、翌年2月頃に成立させた。織田家では宿老・佐久間信盛の麾下に付けられ活動し、元亀3（1572）年11月には甲斐武田氏の侵攻から徳川氏を救援すべく派遣され、12月22日の三方原の戦いで甲斐武田勢と戦っている。天正3（1575）年、織田勢の美濃岩村城（岐阜県恵那市）攻撃のなか、同城将で甲斐武田家宿老の秋山虎繁との内通を疑われ、家康を頼り三河国岡崎に滞在するが、12月27日に信長の命により自刃した。

三好康慶《みよしやすよし》

阿波三好一族。通称は孫七郎、官途は山城守。初名は康長。三好長慶の弟実休に属し活躍、永禄5（1562）年3月5日の久米田の戦いにおける実休戦死後は、河内高屋城（大阪府羽曳野市）にあり、阿波三好家の宿老の一人として活動する。なお永禄11（1568）年には出家しており、「咲岩《しょうがん》」を称している。

室町幕府将軍足利義昭や織田信長と敵対し、元亀4・天正元（1573）年2月に将軍義昭と信長が対立した後も、河内高屋城を拠点に信長と敵対し続けた。天正3（1575）年4月、織田勢の攻勢に降伏するが、河内国南部＝高屋領の支配を引き続き認められた。その一方、同年末の大坂本願寺との和睦に尽力し、成立させる。

その後、実名を康慶に改め、織田氏の四国外交に携わっていく。このなかで、信長三男の織田信孝を養子に迎え、天正10（1582）年5月には信孝を総大将に四国出兵が決まる。しかしながら、6月2日に起きた本能寺の変により四国出兵は頓挫。その後は羽柴秀吉に従い、甥の信吉（のちの羽柴秀次）を養子とするが、四国に勢力を展開できずに終わった。

村井《むらい》貞勝《さだかつ》

通称は吉兵衛。官途は民部少輔。尾張国時代から織田信長のもとで島田秀満とともに活動がみられる。永禄12（1569）年2月、室町幕府将軍足利義昭の京都二条御所の造営を島田秀満とともに担当する。その後も京都の政務執行に携わり、元亀4・天正元（1573）年7月に将軍義昭が京都を追われると、織田家の京都代官として京都支配を明智光秀とともに任される。天正4（1576）年以降に光秀が丹波侵攻などに従事するようになると、貞勝単独のもとで京都における権益保証や治安維持、普請などの政務はおこなわれることになる。この間の天正3（1575）年7月から受領名・長門守を称す。

天正4（1576）年4月には信長の京都二条屋敷の造営を担当、同屋敷はのちに誠仁親王に献上されることになった。また、公家との交流を深化のうえ次第に朝廷との交渉も担うことになり、信長への勅使派遣の提言などをおこなう。天正7（1579）年11月に出家し、翌天正8（1580）年6月には文書上に「春長軒」の号でみられる。

天正10（1582）年4月、「東国平均」を成し遂げた信長に太政大臣、関白、将軍いずれかの推任のための勅使派遣を朝廷に勧める。6月2日の本能寺の変では、京都二条の妙覚寺を出て信長の救援に赴こうとした織田信忠に本能寺落居を報告し、信忠とともに惟任（明智）勢の迎撃に備え、二条御所に籠もる。惟任勢の攻撃に信忠勢は善戦を果たすが敗れ、貞勝も子息の貞成・清次とともに戦死した。

毛利《もうり》長秀《ながひで》

官途は河内守。実名「長」の一字は織田信長の偏諱で、信長死後に実名を秀頼と改める。信長の馬廻衆。天正元（1573）年12月に松永久秀が降伏すると、佐久間信盛・福富秀勝ともに大和多聞山城（奈良県奈良市）を請け取った。その後、信長の嫡男・信忠に属し活動、天正10（1582）年3月の武田氏滅亡後は信濃国伊那郡を与えられ、飯田城（長野県飯田市）を居城とする。6月、本能寺の変が起き、尾張国へ帰還し、その後は羽柴秀吉に従う。

天正13（1585）年10月6日、従五位下侍従となり、天正16（1588）年4月以前に従四位下に昇進、同時に羽柴名字と豊臣姓を与えられた。天正18（1590）年の小田原合戦に参戦し、戦後は再び信濃国伊那郡を与えられて飯田城主になる。文禄2（1593）年閏9月17日に53歳にて死去した。

毛利《もうり》良勝《よしかつ》

通称は新介。織田信長の馬廻衆。永禄3（1560）年5月19日の桶狭間の戦いでは、今川義元を討ち取る功績をあげる。その後も戦争に従軍、その一方で大和薬師寺（奈良県奈良市）に対する担当者として、軍勢の行為を取り締まる活動に従事した。天正10（1582）年5月、信長の上洛に供奉。6月2日の本能寺の変に際し、織田信忠が籠もる京都二条御所にて、惟任（明智）勢との戦闘で戦死した。

森《もり》 長可《ながよし》

通称は勝蔵、官途は武蔵守。可成の二男。実名の「長」の字は、織田信長からの一字拝領であろう。妻は、池田恒興の娘。

元亀元（1570）年9月に戦死した可成の跡を継ぎ、美濃兼山城（岐阜県可児市）の城主となる。信長の嫡男・織田信忠のもとに各地の戦場を転戦する。天正10（1582）年2月、甲斐武田氏攻めが開始されると、信忠軍の先陣を務め活躍。戦後の3月29日、信濃国川中島四郡を与えられ、海津城（長野県長野市）の城主となる。同地の平定と越後上杉氏との戦いにあたるが、本能寺の変が起き、美濃国兼山に帰還する。

その後、織田家内部の対立のなかで羽柴秀吉に従い、活動する。天正12（1584）年3月に小牧・長久手の戦いが起こると、秀吉方として行動し、4月には岳父の池田恒興らとともに三河国方面に進軍するが、4月9日に追撃にきた徳川勢との戦闘により、尾張国長久手（愛知県長久手市）で27歳にて戦死した。

森《もり》 成利《なりとし》

通称は乱《らん》。可成の三男で、一般に「蘭丸」として知られる。織田信長の近習にあり、意思伝達を担う奏者や使者として活動した。天正10（1582）年3月、兄の長可が信濃国川中島四郡を与えられたのに伴い、美濃国兼山を知行した。6月2日の本能寺の変で、京都本能寺（京都府京都市下京区）にて惟任（明智）勢との戦闘で討ち死にした。享年は18。

森《もり》 可成《よしなり》

通称は三左衛門尉。はじめ美濃一色（斎藤）氏の家臣であったらしいが、織田信長に転仕し美濃侵攻のなかで兼山城の城主となる。永禄11（1568）年10月の足利義昭政権の発足に際し、佐久間信盛・柴田勝家・蜂屋頼隆・坂井政尚とともに、畿内における軍事活動・治安維持に従事した。

元亀元（1570）年5月、敵対する越前朝倉・近江浅井両氏に対して、織田勢の京都・美濃国間の往還を維持すべく、近江宇佐山城（滋賀県大津市）に城将として配置される。しかしながら、同年9月に越前朝倉・近江浅井両氏の攻撃を受け、20日に戦死した。享年は48。

矢部《やべ》 家定《いえさだ》

通称は善七郎。実名ははじめ光佳、その後康信と改めたのち家定を名乗る。織田信長の馬廻衆、のちに同衆を統率する一人にあった。信長のもとで奏者や検使を務める一方、天正8（1580）年8月、本願寺教如の退去に伴う大坂本願寺（大阪府大阪市）の請け取りを担当した。また翌年3月25日には、猪子《いのこ》高就《たかなり》とともに長岡（細川）藤孝の丹後国移封後の山城勝竜寺城（京都府長岡京市）に城将として配置され、長岡氏が所領としていた勝竜寺領の知行改に携わった。

天正10（1582）年6月の本能寺の変後は、羽柴秀吉に従い活動し、天正15（1587）年の九州征伐にも従軍。しかし、その後活動はみえなくなるため、程なくして死去したと思われる。

信長の天下一統を支えた家臣たちの生涯

織田家臣団年表

（文・久下沼譲）

尾張国の一勢力に過ぎなかった織田弾正忠《だんじょうのちゅう》家だが、信長の代に飛躍的に勢力を拡大。領地の広がりとともに家臣も増加し、天正期に入るころには織田家は実にバラエティに富んだ人材が参集していた。本書では信長の家臣団を代表する10名の武将をクローズアップしたが、ここでは織田宗家と家臣たちのエピソードや関わりを年表を用いて解説する。

西暦（和暦）	月	できごと
1516（永正13）年		この年、明智光秀が生まれる（諸説あり）。
1522（大永2）年		この年、尾張国愛知郡で柴田勝家が生まれる（諸説あり）。
1525（大永5）年		この年、近江国甲賀郡で、滝川一勝の子として、一益が生まれる。
1534（天文3）年	5月	尾張勝幡城で、織田信秀の嫡男として、信長が生まれる。幼名は吉法師。
		この年、室町幕府奉公衆三淵晴員の二男として細川藤孝が生まれる。その後、細川晴広の養子となる。
1535（天文4）年		この年、尾張国春日井郡児玉で、丹羽長政の子として長秀が生まれる。幼名万千代。
1536（天文5）年		この年、尾張国海東郡で、池田恒利の子として恒興が生まれる。
1537（天文6）年	2月	6日、尾張国愛知郡中村で、羽柴秀吉が生まれる。初名は木下藤吉郎秀吉。
		この年、尾張国愛知郡荒子で、前田利昌の四男として利家が生まれる。幼名犬千代。
1546（天文15）年	12月	19日、細川藤孝が足利義藤（義輝）の元服に際して、一字を拝領し「藤孝」を称す。
		この年、吉法師が元服する。これ以後、織田三郎信長を名乗る。
1548（天文17）年		この年、織田信秀が美濃戦線から撤退に追い込まれ、斎藤道三と和睦する。これに伴い、翌年2月に信長と斎藤道三の娘濃姫との婚姻が成立する。
1552（天文21）年	3月	織田信秀の死去に伴い、信長が織田弾正忠家の家督を継承する。
	4月	12日、細川藤孝が従五位下兵部大輔となる。
1554（天文23）年	4月	20日、斯波義銀を保護した信長が、叔父の信光と組んだうえ、信光が尾張清須城に入り、織田勝秀（彦五郎）を自刃させる。信長は信光から清須城を受け取り、本城とする。
		この頃、木下藤吉郎が織田信長に仕官したと伝えられる。
		この頃までに、滝川一益が織田信長の家臣となる。
1556（弘治2）年	4月	斎藤道三が嫡男義龍と戦い敗死する（長良川の戦い）。信長は岳父道三を救援するために美濃国に出陣するが、道三敗死の報を受けて撤退する。
	8月	織田信成（信長の弟。初め信勝、この時の名は達成）に仕える柴田勝家が林秀貞らとともに、信長を討つために挙兵し、尾張国稲生において信長と戦うが破れる。
1558（永禄元）年	9～10月	織田信長が尾張岩倉城の織田伊勢守家を没落させる。
	11月	2日、織田信長が再度の謀反を企てた弟信成を、尾張清須城内にて殺害する。
		この年、織田信長が斯波義銀を追放する。
1559（永禄2）年	2月	織田信長が上洛し、将軍足利義輝に謁見し、尾張国主として公認される。
		この年、前田利家が信長の勘気を蒙り、以後2年間ほど蟄居する。
1560（永禄3）年	5月	19日、織田信長が尾張国境地域に侵攻した今川義元を桶狭間で敗死させる（桶狭間の戦い）。
1561（永禄4）年	2～3月	織田信長が、三河岡崎城主の松平元康（徳川家康）と和睦する。
1563（永禄6）年	2月	織田信長が、尾張小牧山城を築城し移る。
		この頃、織田信長が、近江小谷城の国衆浅井氏と同盟を結ぶ。これに伴い、信長の妹お市が当主の長政のもとに嫁ぐ。
1565（永禄8）年	5月	19日、室町幕府将軍足利義輝が、三好義継・松永久通らに殺害される（永禄の政変）。その後、細川藤孝らは義輝の弟で奈良興福寺にいた一乗院覚慶（足利義昭）を擁立し、近江国で「天下再興」に向けて活動する。

	11月	2日、木下秀吉の名がはじめて文書史料上に現れる。以後、秀吉は信長の奉行人として活動する。 この頃、明智光秀が近江田中城に籠城し活動する。
1566(永禄9)年	8月	近江国矢島にいた足利義昭（当時の名は義秋）が、「天下再興」の実現のために尾張織田・美濃一色（斎藤）両氏の和睦を成し遂げ、信長の供奉のもとに上洛を目指す。だが、信長は参陣を取り止め、義昭は三好方の反攻により近江国矢島を追われ、若狭国を経て、9月に越前朝倉氏を頼る。 この頃、明智光秀が足利義昭に「足軽衆」として仕え活動する。
1567(永禄10)年	8月	15日、信長が美濃稲葉山城を攻略し、一色義棟（斎藤竜興）を伊勢国長島に追う。9月、信長は稲葉山城に居城を移し、岐阜と改める。
	11月	信長が、「天下布武」印の使用を開始する。
1568(永禄11)年	7月	25日、越前朝倉氏の庇護下にあった足利義昭が、織田信長の求めに応じて美濃立政寺に入る。
	9～10月	足利義昭・織田信長が上洛のうえ「天下静謐」を成し遂げ、義昭が征夷大将軍となる。
1569(永禄12)年	正月	室町幕府将軍足利義昭が京都本圀寺で三好三人衆に襲撃される。この際に明智光秀が防戦に加わる。
	4月	室町幕府将軍足利義昭の家臣にあった明智光秀が織田家の家臣とともに京都支配に活動する。
	8月	木下秀吉が信長の命により但馬国に侵攻し、同国の山名氏を服属させる。
1570(元亀元)年	1月	23日、室町幕府将軍足利義昭と織田信長が、明智光秀と朝山日乗を仲介として交わした五ヵ条の条書により、両者の関係と役割を確認する。
	4月	室町幕府将軍足利義昭による若狭国内の反勢力討伐に、織田信長が徳川家康らとともに出陣、さらに反勢力を援助する越前の朝倉義景を攻撃する。 この月、織田信長と同盟関係にあった近江小谷城主の浅井長政が離反し、信長に敵対する。
	5月	13日、柴田勝家が近江長光寺城の城将として配置される。
	6月	28日、織田信長が室町幕府奉公衆や徳川家康らを率い、近江国姉川で朝倉・浅井両氏と戦い、これを破る（姉川の戦い）。戦後、木下秀吉は近江横山城の城将を務める。
	8月	室町幕府将軍足利義昭・織田信長が、三好三人衆討伐のため、摂津国野田・中島に出陣する。
	9月	12日、摂津国大坂本願寺の法主顕如の檄により一向一揆が挙兵、三好三人衆と連携して室町幕府将軍足利義昭・織田信長に敵対する。
1571(元亀2)年	2月	近江浅井氏の家臣で佐和山城の城主にあった磯野員昌が織田氏に投降する。これに伴い、員昌に代わって丹羽長秀が佐和山城の城代として配置される。
	8月	信長が近江国に侵攻し、翌月にかけて浅井氏や近江国の一向一揆衆を攻撃する。
	9月	12日、織田信長が敵対した比叡山延暦寺を焼き討ちする。この後、延暦寺領近江国志賀郡を与えられた明智光秀が、坂本に城を築き拠点とする。
1572(元亀3)年	10月	武田信玄が徳川氏の領国であった遠江国への侵攻を開始する。これを受け、織田信長が信玄と義絶する。室町幕府将軍足利義昭も信長・徳川家康支持の立場を示す。
	12月	22日、遠江国三方ヶ原で徳川勢と佐久間信盛ら織田家の援勢からなる連合軍が甲斐武田氏の軍勢に敗れる（三方ヶ原の戦い）。 この頃、織田信長が、室町幕府将軍足利義昭に一七ヵ条の異見状を提出し、態度を糺すよう求める。これにより、将軍義昭との関係が悪化する。
1573(天正元)年	2月	26日、足利義昭が朝倉氏・浅井氏・武田氏・本願寺らと連携して挙兵し、信長に敵対する。信長は義昭に、和睦を要請する。 これ以後、明智光秀・細川藤孝が室町幕府将軍足利義昭との関係を絶ち、織田家家臣として活動を始める。
	4月	7日、正親町天皇の勅命により、信長と室町幕府将軍足利義昭が和睦する。
	7月	3日、室町幕府将軍足利義昭が山城槇島城で挙兵し、再び信長に敵対する。 10日、織田信長が細川藤孝に、山城勝竜寺城の城主として同国西岡地域の支配を任せる。以後、藤孝は姓を「長岡」に改め、長岡藤孝を名乗る。 18日、織田信長が槇島城の室町幕府将軍足利義昭を攻撃する。降服した将軍義昭は、京都を追放され、河内飯盛城の三好義継を頼る（室町幕府の滅亡）。 これ以後、明智光秀が村井貞勝とともに京都代官として、京都支配を担当する。
	8月	20日、朝倉義景を本拠の越前国一乗谷に追い詰める。義景は逃亡を図るも、一族朝倉景鏡の離反によって自刃する（越前朝倉氏の滅亡）。
	9月	1日、織田勢の攻撃により近江小谷城が落城し、浅井長政が自刃する（近江浅井氏の滅亡）。

		これ以後、浅井氏の旧領を与えられた秀吉が、長浜に城を築き拠点とする。また、この頃から、「木下」の名字を「羽柴」に改め、羽柴秀吉を名乗る。
1574（天正2）年	1月	この月、丹羽長秀が若狭国支配を任される。
		越前国で一向一揆が蜂起し、同国が一揆の支配下に置かれる。
	8月	織田氏による伊勢国長島の一向一揆制圧に伴い、一揆の拠点であった伊勢長島城が滝川一益に与えられる。
1575（天正3）年	5月	21日、織田信長が三河国長篠で徳川家康とともに武田勝頼と戦い、これを破る（長篠の戦い）。
	7月	3日、明智光秀が惟任名字を拝領のうえ、日向守に任じられ、惟任光秀となる。また、丹羽長秀が惟住名字を拝領し、惟住長秀を名乗る。滝川一益もこの時に伊予守となったか。
	9月	織田家によって越前国一向一揆が平定されたのに伴って、越前国八郡が柴田勝家の領国となり、勝家には北陸方面の政治・軍事が委ねられる。また前田利家・佐々成政が、不破光治とともに越前国府中に配置され、勝家の与力として活動していく。
	10月	明智光秀が織田信長から丹波国平定を命じられる。この頃から長岡（細川）藤孝が光秀の与力として活動するようになる。
	11月	4日、織田信長が従三位権大納言に叙任。7日には右近衛大将に任命される。
		28日、織田信長が嫡男の信忠に、織田家の家督と尾張・美濃両国を譲与する。
1576（天正4）年	正月	織田信長が自身の政庁として近江安土城の築城を開始、惟住（丹羽）長秀が責任者を務める（信長は2月23日に同城へ移る）。
		15日、丹波八上城主の波多野秀治が反織田方となり惟任（明智）光秀の軍勢が敗退、丹波攻めから撤退する。
	5月	この頃から、佐久間信盛・信栄父子が摂津国天王寺城に入り、織田家による大坂本願寺攻囲を担当する。
	6月	室町幕府将軍足利義昭の斡旋のもとに、越後上杉氏・甲斐武田氏・安芸毛利氏・大坂本願寺らの反織田連合が展開する。
1577（天正5）年	9月	23日、能登国を平定した上杉謙信の軍勢に、柴田勝家らの軍勢が加賀国手取川での戦闘に敗れる。
	10月	23日、羽柴秀吉が中国地方方面における軍事司令官として、播磨国へ出陣する。
1578（天正6）年	4月	9日、織田信長が、右大臣・右近衛大将の官職を辞し、嫡男信忠への顕職を求める。
	8月	惟任（明智）光秀の三女玉が長岡（細川）藤孝の嫡男忠興に嫁ぐ。
	10月	大坂本願寺・安芸毛利氏に内通した摂津有岡城の荒木村重が離反する。惟任（明智）光秀が荒木村重の説得に当たるも失敗し、織田勢による有岡城攻撃が開始される。
1579（天正7）年	10月	惟任（明智）光秀が丹波・丹後両国の平定完了を報告し、丹波一国を与えられる。
		この月、荒木村重の逃亡に伴い、有岡城が落城する。これを受けて織田信長は翌月、村重の一族を処刑する。
1580（天正8）年	3月	北条氏政が織田信長の従属下に入る。その際に担当取次として、滝川一益が活動する。
	閏3月	正親町天皇の勅命により、織田信長と大坂本願寺との和睦が成立し、4月9日に顕如が摂津国大坂を退去する（石山合戦の終結）。
	5月	羽柴秀吉が播磨国を平定し、播磨姫路城を本城とする。但馬国も程なく平定される。
	7月	荒木方の摂津花隈城が攻略される。これ以後、荒木村重の旧領が池田恒興・元助父子に与えられる。
	8月	信長が大坂本願寺攻撃の難航に関わり、佐久間信盛・信栄父子を譴責して追放する。
		この月、長岡（細川）藤孝が丹後国を与えられ、宮津城を本城に支配を開始する。
	9〜10月	惟任（明智）光秀と滝川一益が上使として大和国へ遣わされ、同国統治のための整備を進める。
	11月	柴田勝家の率いる北陸方面の織田勢が加賀国の一向一揆を平定する。これに伴い、能登国・越中国も織田家の支配下に置かれる。
1581（天正9）年	2月	織田信長が配下の諸将を招集し、惟任（明智）光秀を責任者に京都で馬揃えを挙行する。
		この頃、佐々成政が越中国を与えられ、富山城に入る。
	3月	正親町天皇の意向により、織田信長が左大臣に推任される。信長は誠仁親王への譲位後にこれを受けると返答する。
	7月	24日、佐久間信盛が紀伊国高野山で死去する。
	8月	前田利家が能登国の支配を任され、七尾城に入る。
		この月、織田信長に仕えていた惟任(明智)光秀妹の妻木が死去する。
	10月	25日、羽柴秀吉が因幡鳥取城を攻略し、因幡国を領国として支配を進めていく。
	11月	17日、羽柴秀吉・池田元助（恒興の嫡男）の軍勢が淡路国を攻略する。
	12月	4日、惟任（明智）光秀が家中法度を定める。

1582（天正10）年

正月　11日、惟任（明智）光秀が石谷頼辰・斎藤利三兄弟を通じ、悪化した織田・長宗我部両氏間の関係維持に努める。

2月　信長が、甲斐武田氏の御一門衆としてあった信濃国衆の木曽義昌の内応を受け、嫡男の信忠を総大将とする軍勢を派遣して、武田領国への侵攻を開始する。

3月　11日、甲斐武田氏が滅亡する。これを受け、関東・奥羽で織田氏に敵対する勢力はなくなり、同地の大名や国衆は信長へ使者を派遣、「東国御一統」といわれる状況になる。

この月、滝川一益が上野国と信濃国小諸・佐久両郡を与えられたうえ、「東国警固」の役割を任され、上野箕輪城、次いで厩橋城に入る。

5月　4日、正親町天皇・誠仁親王の意向により、織田信長が征夷大将軍に推任される。

7日、織田信長が三男の信孝を総大将とした四国出兵を指示する。

15～17日、近江安土城において、織田信長が「御礼」に赴いた徳川家康らを饗応する。惟任（明智）光秀が饗応役を務める。

17日、信長が羽柴秀吉からの援軍要請に伴い、惟任（明智）光秀らに中国地方への出陣を命じる。光秀は出陣に備え、近江坂本城に戻る。

29日、織田信長が上洛し、京都本能寺に入る。

6月　2日、惟任（明智）光秀の軍勢が京都本能寺を襲撃し、織田信長を自刃させる（本能寺の変、享年49）。織田信忠も二条御所での戦闘で、自刃する（享年26）。

3日、備中高松城攻略中の羽柴秀吉が本能寺の変を知り、翌日に毛利氏と和睦する。以後、秀吉は反光秀の姿勢を示す河内・摂津の諸将の協力を取りつけながら京都へと進軍する。

5日、惟任（明智）光秀が近江安土城に入る。惟住（丹羽）長秀が織田信孝とともに、摂津大坂城で織田信澄（信長甥、光秀の娘婿）を殺害する。

この間、惟任（明智）光秀が長岡（細川）藤孝・忠興父子に協力を求めるが、藤孝・忠興父子は出家して信長への弔意を示し、光秀との関係を絶つ。出家した藤孝は以後、幽斎を名乗る。

13日、織田信孝（信長の三男）・羽柴秀吉・惟住（丹羽）長秀・池田恒興らの織田勢と惟任（明智）光秀が山城国山崎で戦い、織田勢が勝利する。敗れた光秀は再起を目指して近江坂本城に向かうが、途次に山城国山科・醍醐で村人の「一揆」により討たれ落命する（享年67、諸説あり）。

14日、織田勢の攻撃により、近江坂本城が落城し、惟任（明智）家が滅亡する。

19日、上野厩橋城で「東国警固」にあたっていた滝川一益が相模北条氏に敗れる（神流川の戦い）。その後、伊勢国へ帰還する。

27日、織田家の家督と所領配分を決める「清須会議」が開催される。三法師（秀信、信忠の息子）が織田家の当主となり、宿老の柴田勝家・羽柴秀吉・惟住（丹羽）長秀・池田恒興の合議により政治運営を行うことが決まる。

10月　15日、羽柴秀吉が山城国大徳寺で信長の葬儀を行う。

28日、山城本圀寺で、秀吉が惟住（丹羽）長秀・池田恒興と対談し、織田信雄（信長の次男）を三法師名代の家督として擁立することを決める。

この頃、柴田勝家が織田信孝と関係を深め、その叔母・小谷の方（市、浅井長政の元室）と婚姻する。

12月　織田信雄・羽柴秀吉が織田信孝を攻め、美濃岐阜城を包囲する。雪のため柴田勝家の支援を受けられなかった信孝は、掌中に置いていた三法師を引き渡し降伏する。

1583（天正11）年

2月　羽柴秀吉が対立する柴田勝家・滝川一益の討伐に動き、北伊勢に出陣する。

3月　柴田勝家、深雪のなかを近江国に出陣する。

4月　16日、柴田勝家・滝川一益の挙兵を受けて、織田信孝が再び岐阜城で挙兵する。

20日、羽柴秀吉と柴田勝家が近江国賤ヶ岳で戦い、秀吉が勝利する。敗れた勝家は、本城の越前国北庄城へ撤退する。前田利家は羽柴秀吉に降伏する。

23日、羽柴秀吉の軍勢が柴田勝家の本城であった越前北庄城を攻め落とし、勝家・小谷の方らを自刃させる（勝家の享年62、諸説あり）。これに伴い、岐阜城の織田信孝も秀吉に降伏する。その後、信孝は秀吉により切腹を命じられる。

5月　2日、織田信雄に美濃岐阜城から連行された織田信孝が、尾張大御堂寺で自刃する（享年26）。

これ以後、柴田勝家の旧領越前国が惟住（丹羽）長秀に、織田信孝の旧領美濃国が池田恒興に与えられる。また、前田利家は加賀国北二郡を与えられ、同国金沢に入る。

6月　羽柴秀吉が摂津大坂城に入り、天下人としての立場を示しだす。その後、近江安土城にいた織田信雄と三法師は追われる。

この月、滝川一益が羽柴秀吉に降伏する。この後、一益は出家する。

8月　羽柴秀吉が糸印を押捺した朱印状を発給し始める。

1584（天正12）年

3月　6日、織田信雄が羽柴秀吉との関係を深めていた家老三名を伊勢長島城にて殺害する。これを受け、秀吉が信雄の領国である尾張・伊勢国へ出兵する（小牧・長久手の戦いのはじまり）。

	4月	14日、池田恒興が羽柴秀吉支持を表明し、織田信雄領内の尾張国犬山城を占拠する。 17日、織田信雄・徳川家康が尾張小牧山城を占拠する。 9日、羽柴秀吉軍と徳川家康軍が尾張国長久手で戦う（長久手の戦い）。秀吉軍が敗北し、森長可らとともに池田恒興が戦死する（享年49）。
	6月	16日、羽柴方の滝川一益が伊勢国蟹江城などを攻略する。
	7月	3日、徳川家康の軍勢による攻撃を受けた滝川一益が尾張蟹江城を開城して退却する。
	9月	織田信雄に与した越中国の佐々成政が羽柴方の前田利家の能登国末森城を攻撃するが、11日に救援に来た利家の軍勢に敗れる。
	11月	12日、羽柴秀吉が織田信雄と講和する。直後に徳川家康とも講和する（小牧・長久手の戦いの終結）。 28日、羽柴秀吉が従三位権大納言となり、官位でも主君の織田信雄の上位に立つ。
	12月	25日、越中国の佐々成政が信濃国を経て遠江国浜松で徳川家康に接した後、三河国吉良で織田信雄に会う。
1585(天正13)年	2月	22日、織田信雄が摂津大坂城の羽柴秀吉のもとへ出頭し、臣従を示す。
	3月	10日、羽柴秀吉が正二位内大臣となり、初の参内を遂げる。
	4月	16日、惟住(丹羽)長秀が病により越前国北庄で死去する(享年51)。
	6月	羽柴秀吉が四国に軍勢を派遣し、8月に長宗我部元親を降伏させる（四国平定）。
	7月	11日、羽柴秀吉が従一位関白となる。
	8月	羽柴秀吉が越中国富山城の佐々成政を攻める。26日、秀吉勢の侵攻に、成政は織田信雄の仲介により降伏する。
	9月	9日、滝川一益が越前国で死去する（享年62）。 この月、羽柴秀吉が豊臣改姓を認められる（以下、豊臣秀吉）。
	10月	6日、長岡（細川）幽斎が法印となる。これ以後、豊臣秀吉の御伽衆として活動する。
1586(天正14年)	正月	織田信雄が三河岡崎城に赴き、徳川家康に豊臣秀吉との和睦を応じさせる。これを受けて、翌2月、秀吉は家康を赦免する。
	10月	豊臣秀吉が徳川家康を臣従させる。
	11月	25日、豊臣秀吉が太政大臣となる。
1587(天正15)年	5月	豊臣秀吉が島津氏を降伏させ、九州を平定する。
	6月	2日、豊臣秀吉が佐々成政に肥後国を与える。
	7月	肥後国に入った佐々成政に対し、不満をもつ同国の領主らが蜂起する（肥後国一揆）。
1588(天正16)年	4月	豊臣秀吉が後陽成天皇を京都聚楽第に行幸させる。後陽成天皇の前で徳川家康や前田利家らが秀吉への忠誠を誓う。
	閏5月	14日、豊臣秀吉の命令で肥後国一揆の責任を問われた佐々成政が切腹する。
1590(天正18)年	3月	豊臣秀吉と相模北条氏との小田原合戦が起き、前田利家は北陸方面から関東へ出陣し、北条方の諸城を攻撃する。
	7月	豊臣秀吉が、相模北条氏を降伏させる。
	7～8月	豊臣秀吉が下野国宇都宮、その後陸奥国会津にて今後の関東・奥羽統治のための処理を行う（関東・奥羽仕置）。
1591(天正19)年	12月	豊臣秀吉が甥の秀次に家督と関白職を譲り、太閤となる。
1592(文禄元)年	4月	豊臣秀吉が明（中国）の征服を目指し、朝鮮半島への出兵を開始する（文禄の役）。
	7～11月	豊臣秀吉が不在の間、肥前名護屋城の留守居を親類の徳川家康と前田利家が務める。
1593(文禄2)年	6月	豊臣秀吉が明（中国）との間で講和交渉を進める。
	8月	3日、豊臣秀吉と淀殿の間に秀頼（幼名は拾）が誕生する。
1595(文禄4)年	7月	15日、豊臣秀吉からの謀叛の疑いを受け、甥で秀吉の後継者として関白職にあった秀次が切腹する（秀次事件）。徳川家康や前田利家らが秀頼への忠誠と秀吉の掟を遵守する起請文を提出させられる。
1596(文禄5)年	9月	明との講和交渉の決裂により、豊臣秀吉が再度の朝鮮半島出兵を決定する。
1597(慶長2)年	2月	豊臣秀吉が朝鮮半島再出兵を命令し、6月から戦闘が開始する（慶長の役）。
1598(慶長3)年	8月頃	秀吉の遺言により、後継の秀頼を補佐する五大老・五奉行が定められ、前田利家が五大老に列する。
	8月	18日、豊臣秀吉が山城伏見城で死去する（享年62）。
	10月	五大老・五奉行から、朝鮮に派遣された諸大名に対して撤退命令が下される。
1599(慶長4)年	正月	前田利家が秀頼の傅役として大坂城に入る。
		この月、前田利家が秀吉の遺命に反して諸大名との婚姻関係形成を進める徳川家康を譴責するが、翌月に和解が成立する。
	閏3月	3日、前田利家が病のため、大坂の屋敷で死去する（享年63）。

1600(慶長5)年	7月	徳川家康討伐のため挙兵した石田三成の軍勢が、徳川方の長岡（細川）幽斎の丹後田辺城を包囲する。
	9月	13日、後陽成天皇の勅命により、長岡（細川）幽斎が丹後田辺城を開城する。
		15日、美濃国関ヶ原で徳川家康の率いる軍勢が、石田三成ら反徳川方の軍勢を破り勝利する（関ヶ原の戦い）。
1603(慶長8)年	2月	12日、徳川家康が従一位右大臣兼征夷大将軍に任じられる（江戸幕府の成立）。
1610(慶長15)年	8月	20日、長岡（細川）藤孝が京都三条の屋敷で死去する（享年77）。
1614(慶長19)年	11月	徳川家康が大坂城の豊臣秀頼を攻撃し、その後、講和する（大坂冬の陣）。
1615(慶長20)年	5月	徳川家康が再び大坂城の豊臣秀頼を攻撃し、豊臣家を滅ぼす（大坂夏の陣）。

本書の参考資料

【参考文献】

『信長の親衛隊』谷口克広　中央公論新社　1998

『決定版　図説戦国武将118』谷口克広　伊澤昭二　大野信長　学研　2001

『信長軍の司令官』谷口克広　中央公論新社　2005

『信長と消えた家臣たち』谷口克広　中央公論新社　2007

『織田信長家臣人名辞典　第2版』谷口克広　吉川弘文館　2010

『信長・秀吉と家臣たち』谷口克広　学研パブリッシング　2012

『信長研究の最前線』日本史史料研究会　洋泉社　2014

『織田信長 その虚像と実像』松下浩　サンライズ出版　2014

『織田信長』神田千里　筑摩書房　2014

『秀吉研究の最前線』日本史史料研究会　洋泉社　2015

『信長軍の合戦史』日本史史料研究会　渡邊大門　吉川弘文館　2016

『前田利家・利長』大西泰正編　戎光祥出版　2016

『武者の覚え―戦国越中の覇者佐々成政』萩原大輔　北日本新聞社　2016

『織田信長と戦国の村―天下統一のための近江支配』深谷幸治　吉川弘文館　2017

『織田信長の家臣団―派閥と人間関係』和田裕弘　中央公論新社　2017

『陰謀の日本中世史』角川新書　呉座勇一　KADOKAWA　2018

『織田信長と上野国』群馬県立歴史博物館　2018

『清須会議』（シリーズ実像に迫る17）柴裕之　戎光祥出版　2018

『歴史REAL　織田信長　一族と家臣から迫る信長軍団の全貌』洋泉社　2018

『日本史のまめまめしい知識第3巻』日本史史料研究会　岩田書院　2018

『林原美術館名品選』林原美術館　2018

『図説 明智光秀』柴裕之編著　戎光祥出版　2019

『前田利家・利長―創られた「加賀百万石」伝説』大西泰正　平凡社　2019

『池田家履歴略記』

松田毅一監訳『十六・七世紀イエズス会日本報告集』（同朋社出版）

【講演会】

第8回松平シンポジウム「織田体制の中の家臣団の動向（佐々成政について）」萩原大輔　2018・2・11

武蔵野大学生涯学習講座　連続講座「武士の権力論」⑤「本能寺の変の政治背景と展開～織田権力の政治運営を通じて」柴裕之　2018・8・4

戎光祥ヒストリカルセミナーvol.4「ここまでわかった！明智光秀の虚像と実像！」（「明智光秀の源流～土岐氏とその一族」木下聡・「織田信長と惟任（明智）光秀」柴裕之）2018・12・8

武蔵野大学生涯学習講座　連続講座「武士の権力論」⑥「清須会議再考～本能寺の変後の織田権力」柴裕之　2019・2・10

【インターネット】

『福井市ホームページ』

『富山市郷土博物館ホームページ』博物館だより第12号『絵にみる佐々成政』

『とやま観光ナビ』

あとがき

　この本は、前作『マンガで読む 新研究 織田信長』の企画が持ち上がった時に、同時に「信長の次は信長の家臣団の伝記を描きましょう」というお話をいただいて描き始めたものです。その後、２０２０年にＮＨＫ大河ドラマで明智光秀が主役になると決まり、タイミングの良さに驚かされました。最初この本の企画を聞いたときは、「信長の家臣団といえば有名武将ぞろいだし、参考文献もさぞたくさんあるだろう」と楽観していたのですが、探してみると意外にもエピソードは少なく、最近の研究を反映した本はさらに少なく、それぞれの武将たちの人物像を捉えるのにずいぶん苦労しました。

　それでも前作同様、今回もなるべく最新の研究成果を取り入れ、それを紹介することに心を砕いたつもりです。

　前作から引き続き監修していただいている柴先生にはお忙しいなか何度もこちらの間違いをご指摘いただき、また時には用語について丁寧にご説明いただくなど、今回も大変お世話になりました。前作同様、先生の監修なくしてはこの本は成立しなかったでしょう。

　最初は史料の少なさに泣かされた信長家臣団でしたが、調べていくうちどの人物も非常に優秀でスケールが大きく、歴史の大舞台で自分の大切な物のために精一杯生きたのだなあとわかってくると、描いているうちにどの人物にもどんどん感情移入して「この感動を早く皆さんにも伝えたい」という一念で描きあげました。このワクワク感が少しでも伝わったら、そしてこれを読んだ後、誰か一人でも皆さんの心に深く残る武将がいれば幸いです。

　最後になりましたが、監修の柴先生、企画してくださった戎光祥出版株式会社の伊藤社長と編集部の皆さん、担当さん、そしてリアルやネットで応援してくださったたくさんの皆さんに心よりお礼を申し上げます。前作『マンガで読む 新研究 織田信長』では多くの方から高い評価をいただきました。また、難しいとされる最新学説でも、幅広い年代の方に受け入れ喜んでいただいたということが個人的に大変励みになりました。この場を借りてお礼を申し上げます。ありがとうございました。

すずき孔《こう》

【著者紹介】
すずき 孔（すずき こう）

愛知県西尾市出身。マンガ家。大学在学中の1992（平成4）年、『週刊少年チャンピオン』でマンガ家デビュー。2009（平成21）年には井伊直政を主人公とする『紅塵賦』が、第一回プロダクションI.G×MAG大賞（審査員長／押井守）の佳作を受賞。主な作品に『茶の涙』（マッグガーデン刊／大阪国際マンガグランプリCOOL JAPAN作品賞受賞）、『角川まんが学習シリーズ日本の歴史第13巻』（KADOKAWA刊、監修山本博文）（以上P.N.水面かえる）、『まんが織田信長公伝・麒麟の城』（小牧市制作、原作／入谷哲夫）、『りにもが見た　小牧長久手の戦い』（長久手市制作、監修／小和田哲男）、『マンガで読む真田三代』（戎光祥出版刊、監修／平山優）、『マンガで読む戦国の徳川武将列伝』（戎光祥出版刊、監修／小和田哲男）、『マンガ霊仙三蔵』（監修／霊仙三蔵顕彰の会）、『マンガで読む井伊直政とその一族』（戎光祥出版刊、監修／小和田哲男）、『マンガで読む 新研究 織田信長』（戎光祥出版刊、監修／柴 裕之）などがある。横浜市在住。

【監修者紹介】
柴 裕之（しば ひろゆき）

1973（昭和48）年、東京都生まれ。東洋大学大学院文学研究科日本史学専攻博士後期課程満期退学。博士（文学）。現在、東洋大学文学部非常勤講師、千葉県文書館県史・古文書課嘱託。戦国・織豊期の政治権力と社会に関する研究を専門とする。単著に、『戦国・織豊期大名徳川氏の領国支配』（岩田書院、2014年）、『徳川家康―境界の領主から天下人へ―』（平凡社、2017年）、『シリーズ・実像に迫る17　清須会議』（戎光祥出版、2018年）、編著に『論集 戦国大名と国衆6 尾張織田氏』（岩田書院、2011年）、『論集 戦国大名と国衆20 織田氏一門』（岩田書院、2016年）、『図説 明智光秀』（戎光祥出版、2019年）、共著に『織田権力の領域支配』（岩田書院、2011年）などがある。

マンガで読《よ》む 信長《のぶなが》武《ぶ》将列伝《しょうれつでん》

2019年12月10日　初版初刷発行

著　者　すずき孔
監　修　柴 裕之

発行人　伊藤光祥
発行所　戎光祥出版株式会社
〒102-0083　東京都千代田区麹町1-7　相互半蔵門ビル8F
TEL:03-5275-3361（営業）　03-5275-3362（編集）
FAX:03-5275-3365
URL:https://www.ebisukosyo.co.jp/
mail:info@ebisukosyo.co.jp

装　　丁　山添創平
編集・制作　株式会社イズシエ・コーポレーション
印刷・製本　中央精版印刷株式会社

ISBN 978-4-86403-333-6

史実に忠実なストーリーがテンポよく展開！
近年の新研究成果も随所に反映した渾身の書‼

監修は気鋭の歴史学者、柴裕之氏が担当！